Kräuter & Co.

Kräuter & Co.

Aromatische Dekorationen
für drinnen und draußen

Simon Lycett

Fotografiert von Michelle Garrett

Übertragen aus dem Englischen von Wiebke Krabbe

BusseSeewald

In memory of Robert Day, a friend and talent still greatly missed.

Decorating with Herbs
First published in Great Britain in 1998 by Collins & Brown Limited
London House, Great Eastern Wharf, Parkgate Road, London SW11 4NQ

Die Deutsche Bibliothek – CIP-Einheitsaufnahme

Kräuter & Co. : aromatische Dekorationen für drinnen und draußen /
Simon Lycett. Fotogr. von Michelle Garrett.
Übertr. aus dem Engl. von Wiebke Krabbe.
– Dt. Ausg. – Herford : Busse Seewald, 1999
Einheitssacht.: Decorating with herbs <dt.>
ISBN 3-512-03188-9

Deutsche Ausgabe:
© Verlag Busse + Seewald GmbH, Herford 1999
Übersetzung: Wiebke Krabbe, Damlos
Redaktion: Marianne Menzel, Michelstadt
Herstellung: Richard Brüll, Herford
Satz: Busse Druck, Herford
Gedruckt und gebunden bei Dai Nippon Ltd., Hongkong

ISBN 3-512-03188-9

INHALT

Einleitung

Zu meinen liebsten Kindheitserinnerungen gehört die Lavendelhecke, die den Garten meiner Großmutter einrahmte. Sie hatte eine glückliche Hand für Pflanzen und konnte andere mit ihrer Begeisterung anstecken. An ihrem Küchentisch lernte ich nicht nur das kleine Einmaleins, sondern manches, das mich viel mehr interessierte, zum Beispiel wie man Lavendelsäckchen machte – jene kleinen Stoffbeutel, die mit anscheinend toten Blüten gefüllt wurden und die dann wie durch Zauberei die Luft und alles, was mit ihnen in Berührung kam, mit ihrem wunderbaren Duft erfüllten.

Diese Begeisterung für Kräuter habe ich bis heute nicht verloren. Auch als Erwachsener freue ich mich jedes Jahr, wenn die ersten Kisten mit frischem Lavendel auf dem Markt auftauchen. Bei mir gehören Kräuter nicht nur in die Küche. Ich versuche, sie überall im Haus auch zur Dekoration einzusetzen, frisch oder getrocknet. Ihr zarter Duft gibt ihnen einen Zauber, der vielen der modernen, überzüchteten Blumen leider abhanden gekommen ist.

Das Interesse an Kräutern über ihren medizinischen und kulinarischen Wert hinaus ist keineswegs neu. Die Ägypter verwendeten Kräuter und Blumen verschwenderisch zu dekorativen Zwecken, sie kultivierten und beschrieben über 500 verschiedene Arten. Es wurden Teile eines chinesischen Herbariums gefunden, das aus dem 3. Jahrtausend v. Chr. stammt. Das erste vollständig erhaltene Herbarium, die „Materia Medica", wurde von dem Griechen Dioscorides im ersten nachchristlichen Jahrhundert zusammengestellt, es galt über tausend Jahre lang als eines der wichtigsten Nachschlagewerke. Als die Mauren im 9. Jahrhundert Spanien besetzten, brachten sie viel von ihrem umfassenden Wissen über die

Duftendes Blütenwasser ist eigentlich zur Erfrischung der Gesichtshaut gedacht. In schöne Flaschen gefüllt ist es aber auch eine stilvolle Dekoration für die Fensterbank im Badezimmer.

Heilwirkung der Kräuter mit. Mit fortschreitender Zivilisation legte man im Umkreis der wohlhabenderen Dörfer Gärten an, in denen Obst, Gemüse und vor allem Kräuter angebaut wurden.

Im Mittelalter hatten religiöse Ordensgemeinschaften große Bedeutung für die Pflanzenzucht. Sie sorgten für Blumen zur Dekoration der Kirchen, und auch die Kräuter, aus denen die Apotheker Salben, Tinkturen und Lotionen herstellten, stammten meist aus den Klostergärten.

Im frühen 16. Jahrhundert wurden in England zwei bedeutende Herbarien veröffentlicht, „Bancke's Herbal" (1525) und „The Grete Herbal" (1526). Im Elisabethanischen Zeitalter gewann der häusliche Kräutergarten immer mehr an Bedeutung. Bald gehörte die Verarbeitung der Kräuter zu den wichtigsten Aufgaben der Hausfrau, die zugleich Mutter, Heilkundige und Hebamme war. Kräuter wurden damals vor allem zur Behandlung von Wunden und verschiedenen Krankheiten benutzt, aber man hängte sie auch überall im Haus auf, damit sie die Luft erfrischten. Um die unangenehmen Alltagsgerüche jener Zeit zu überdecken, streute man duftende Kräuter und Blütenblätter auf den Fußboden.

Viele begüterte Haushalte der Elisabethanischen Zeit hatten einen speziellen Raum, in dem die Kräuter vorbereitet, gelagert und getrocknet wurden sowie die ätherischen Öle zur weiteren Verarbeitung herausdestilliert wurden. Viele der Par-

Rosmarin-Pomander sehen nicht nur attraktiv aus: Frisch oder getrocknet verströmen sie einen würzigen Duft.

Ein Teelicht wird in einem schlichten Glas mit Lorbeerblättern und einer Schleife aus Bast zu einem dekorativen Nachtlicht.

füms, Lotionen, Potpourris, Kräuterkissen, Duftsträußchen und -säckchen, die wir noch heute schätzen, haben ihren Ursprung in diesen „Hausdestillen". In unserer hektischen Zeit sind sie eine bezaubernde Reminiszenz an den Duft der Vergangenheit. Sie selbst herzustellen schafft dazu eine besondere Art von Zufriedenheit.

Es macht immer wieder Freude, mit Kräutern zu arbeiten. Ihre unendliche Vielfalt an Düften, Farben, Formen und Strukturen lässt nie Langeweile aufkommen. Überlegen Sie nur, wie viel interessanter ein Rosenstrauß wirkt, wenn Sie das stereotype Floristengrün durch einige frische Rosmarin- und Lorbeerzweige ersetzen. Stellen Sie sich vor, sich in einem Bad auszustrecken, das wie frisch aufgebrühter Pfefferminztee duftet, oder sich mit einer Seife mit Rosmarin- oder Thymianduft zu waschen. Und danach lehnen Sie sich zurück in Kissen, die mit schlaffördernden Blüten und Kräutern gefüllt sind.

Dieses Buch enthält eine Reihe von Vorschlägen mit frischen und getrockneten Kräutern. Unkomplizierte Rezepte geben die Mengen der benötigten Kräuter an und stellen erprobte Mischungen vor. Meine Rezepte sollen aber nicht mehr als eine Anregung sein. Ich hoffe, Sie bekommen Lust, selbst zu experimentieren und eigene Mischungen zu entdecken. Vielleicht gewinnen Kräuter dann für Sie einmal die gleiche Bedeutung wie für mich: als Zutaten, die das Leben ein bisschen schöner machen.

Im Wäscheschrank geben diese hübschen Lavendelsäckchen aus Vichykaro ihren zarten Duft an Bettwäsche und Handtücher ab.

Kerzen im Thymianmantel sehen auf dem festlich gedeckten Tisch stilvoll aus. Durch die Wärme entfalten die Kräuter ihren Duft.

Kräuter für den Tisch

Kräuter gehören als Würze zu einem guten Essen. Aber auch auf ganz andere Weise können sie den Genuss an einer Mahlzeit steigern. Decken Sie den Tisch mit aromatischen Düften. Mit Kräutern gefüllte Serviettenringe und Tischsets sehen appetitlich aus. Blühende Kräutertöpfchen, kunstvolle Gestecke und festliche Tischdekorationen sorgen dafür, dass Ihre Gäste gern wiederkommen.

Duftende Serviettenringe

An diesen ungewöhnlichen Serviettenringen werden Sie jahrelang Freude haben. Brauchen Sie auf die Schnelle ein kleines Geschenk? Dann fehlt nur noch eine Leinen- oder Damastserviette.

Wenn ich den Tisch wirklich festlich decken will, setze ich auf altmodische weiße, gestärkte Damastservietten – je größer, desto besser. Ich habe ein Faible für das Aussehen und den Griff edler, alter Tischwäsche. Viele schöne Stücke habe ich auf Flohmärkten gefunden. Schiebt man die Servietten in mit Kräutern gefüllte Serviettenringe, zieht der Duft der Kräuter langsam in das Gewebe ein. Für die Serviettenringe habe ich ein leichtes, ungefärbtes Käseleinen verwendet. Jeder andere Stoff, der das Aroma der Kräuter durchlässt, ist aber ebenso geeignet. Vielleicht entscheiden Sie sich für einen Stoff, der zu Ihrer Tischdecke oder den Vorhängen im Esszimmer passt. Fast alle Kräuter können verwendet werden. Nur mit Rosen und Lavendel sollten Sie sparsam sein: diese Düfte können gerade beim Essen leicht zu dominant werden.

Kräuter und Gewürze

für etwa sechs Serviettenringe

30 g getrockneten Thymian
30 g getrocknete Minze
30 g getrocknete Kamille
3 getrocknete Lorbeerblätter
30 g getrockneten Rosmarin
55 g Zimtstangen
2 Zweige frische Minze oder
3 frische Lorbeerblätter
3 Stängel frisches Zitronengras

Zur Dekoration:
6 Zweige frischen Rosmarin

So wird es gemacht

Für sechs Serviettenringe brauchen Sie: 12 Streifen locker gewebten Stoff, je 5 cm breit und 15 cm lang; Nadel und Faden; Baumwollkordel; Schere; Keramikschüssel zum Mischen der Kräuter; frische Rosmarin-, Lorbeer- oder Thymianzweige.

Nähen Sie je zwei Stoffstreifen an beiden Längs- und einer Schmalseite zu einem Schlauch zusammen, den Sie mit der Kräutermischung füllen. Die zerkleinerten Kräuter werden vor dem Einfüllen in einer Keramikschüssel gründlich gemischt. Nach Bedarf können auch weitere Kräuter zugefügt werden.

1 Legen Sie zwei 15 cm lange Stoffstreifen aufeinander und nähen Sie die beiden Längskanten zusammen. Eine Schmalseite doppelt umschlagen und ebenfalls zunähen. Der so entstandene Schlauch wird gewendet.

2 Füllen Sie die Zimt-Kräuter-Mischung in jeden Schlauch – aber nicht zu reichlich, denn sonst lässt er sich nur schlecht zum Ring schließen. Frischen Rosmarin, Minze oder Lorbeer und Zitronengras hinzufügen.

3 Kontrollieren Sie, ob alle Schläuche gleich lang sind, damit die Ringe gleichmäßig ausfallen. Die offene Stoffkante wird sauber beschnitten, doppelt umgeschlagen und zugenäht.

4 Die Enden des Schlauches zusammenführen, so dass ein Ring entsteht. Dabei sollen die seitlichen Kanten exakt zusammentreffen. Nun die Schmalseiten aneinander nähen.

Rollen Sie eine Serviette locker zusammen und schieben Sie sie durch den Ring. Aus einer Baumwollkordel wird eine dekorative Schleife um den Ring gebunden, dann wird ein Zweig frischer Rosmarin oder ein Halm Zitronengras unter die Kordel geschoben.

DECKCHEN FÜRS TABLETT

Dieses feine Deckchen hat mehr dekorativen als praktischen Nutzen. Es ist mit Kräutern gefüllt, die ihren würzigen Duft verströmen, sobald heiße Schüsseln darauf gestellt werden. Getrocknete Blütenblätter von leuchtenden Tagetes schimmern zart durch den Stoff.

Auf der Arbeitsplatte in meiner Werkstatt liegen oft Stiele von Kräutern herum, die beim Binden und Stecken übrig geblieben sind. Als ich einmal einen heißen Kaffeebecher darauf abstellte, bemerkte ich, dass die Hitze diese Pflanzenreste zum Duften brachte. Ich überlegte, wie man diesen Effekt für etwas Schönes und Praktisches nutzen könnte und kam auf die Idee für diese Decke. Als Basis dient ein einfaches Tischset aus Leinen, Sie können jedoch ebenso ein Stück Damast oder einen anderen Stoff verwenden.

KRÄUTER
für ein Deckchen:
Blütenblätter von Studentenblumen, Estragon, Rosmarin, je 55 g, getrocknet

getrockneter Estragon
(Artemisia dracunculus)

getrockneter Rosmarin
(Rosmarinus officinalis)

getrocknete Studentenblumen
(Tagetes patula)

SO WIRD ES GEMACHT

Außer den Kräutern brauchen Sie: Tischset aus Leinen oder Damast, ca. 45 cm x 30 cm; feinen Stoff wie Organza oder Musselin, 40 cm x 28 cm; Nähmaschine; Stecknadeln; Nadel und Faden.

Die Kanten des Stoffes werden auf das Tischset gesteppt, dabei bleibt ein Stück Naht zum Einfüllen der Kräuter offen. Legen Sie das Deckchen auf eine Arbeitsfläche, füllen Sie die Kräuter hinein und verteilen sie gleichmäßig. Danach die Einfüllöffnung mit Stecknadeln vorläufig schließen. Die beiden Stofflagen werden in parallelen Linien mit etwa 2 cm Abstand zunächst von links nach rechts, dann von oben nach unten aufeinander festgesteckt, so dass ein Karomuster entsteht. Auf diese Weise werden die Kräuter festgehalten. Nun werden die beiden Stofflagen aufeinander festgesteppt. Wer wenig Übung im Nähen hat, steppt zwischen den Stecknadeln in unregelmäßigen Linien. Wenn Sie geübter sind, können Sie auch ein geometrisches Steppmuster arbeiten.

1 Stecken Sie den transparenten Stoff mittig auf dem Tischset fest. Achten Sie darauf, dass die Schnittkanten rundherum eingeschlagen sind. Einfacher ist es, wenn die Kanten vor dem Feststecken umgebügelt werden.

2 Steppen Sie nun den transparenten Stoff mit Zickzackstichen auf der Unterlage fest. An einer der Längskanten lassen Sie eine Öffnung, durch die die Kräuter eingefüllt werden.

3 Jetzt das Deckchen flach hinlegen und vorsichtig die Kräuter hineingeben. Verteilen Sie die Kräuter gleichmäßig über die ganze Fläche. Danach die Öffnung zustecken, ohne dabei Kräuter mitzufassen.

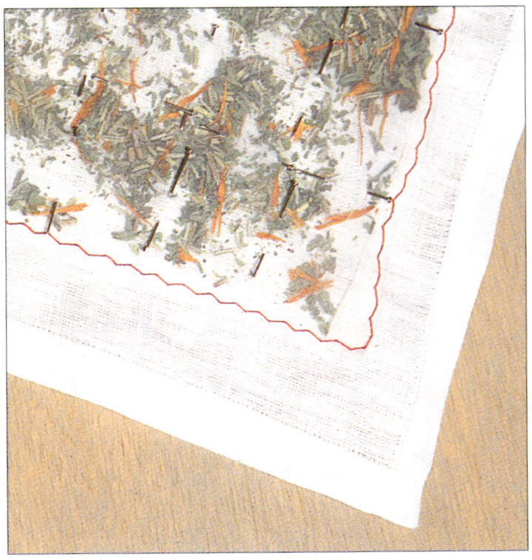

4 Nun mit Stecknadeln über die ganze Fläche verteilt die beiden Stofflagen aufeinander feststecken (siehe „So wird es gemacht"). Die Öffnung in der Seitennaht wird mit Zickzackstichen zugesteppt.

5 Zum Schluss die Fläche der Decke mit kleinen Geradstichen wie beim Quilten in regelmäßigem oder willkürlichem Muster absteppen. Wer möchte, kann die Stepperei auch mit der Hand arbeiten.

So fängt der Tag gut an: mit einem appetitlichen Frühstück auf einem Tablett mit einer hübschen, duftenden Decke. Solche Deckchen eignen sich auch gut als Tischsets. Sie sehen nicht nur frisch und dekorativ aus, sondern entfalten ihren würzigen Duft, wenn vorgewärmte Schüsseln und Teller darauf gestellt werden.

BLÜHENDE KRÄUTERTÖPFE

Als Kräutertöpfe kann man nahezu alle Gefäße, ob bunt oder einfarbig, verwenden, auch paarweise oder in Gruppen, sofern sie zusammenpassen. Sehr dekorativ sind essbare Blüten wie Studentenblumen oder Salbei.

Frische Kräuter in Blumentöpfen sind ein preiswertes, und dennoch sehr persönliches Geschenk. Ich gehe gern auf Flohmärkten auf die Suche nach originellen Gefäßen für wenig Geld. Man kann solche Töpfe auch leer verschenken, ich finde es aber viel schöner, Kräuter hineinzupflanzen oder duftende Gestecke zu arrangieren – wenn ich mich überhaupt von den Gefäßen trennen kann. Verwenden Sie Kräuter in Töpfchen, oder binden Sie in Floristenmanier Sträuße aus frischen Kräutern. Wenn die Pflanzen dann langsam trocknen, bleibt das Arrangement lange schön. Achten Sie bei geschnittenen Kräutern darauf, dass die Stiele auch beim aufrechten Trocknen die Blütenköpfe halten können.

SO WIRD ES GEMACHT

Außer geeigneten Gefäßen brauchen Sie: Kükendraht, für Töpfe mit 20 cm Durchmesser in Stücke von 15 cm x 15 cm geschnitten; Blumendraht oder Floristenband zum Fixieren des Kükendrahtes; getrocknetes Moos.

Legen Sie die Töpfe mit einer dünnen Schicht Moos aus. Die weiteren Arbeitsschritte werden unten am Beispiel der Lavendeltöpfe beschrieben.

KRÄUTER
für je einen Topf mit 20 cm Durchmesser:
60 Stängel Lavendel
40 Stängel Färberdistel

1 Knüllen Sie den Kükendraht zur Kugel zusammen und drücken Sie ihn in den Topf, so dass er nicht über den Rand hinaussteht, dann befestigen und die Zwischenräume mit Moos ausstopfen.

2 Stecken Sie nun, an einer Seite des Topfes beginnend, einige Kräuterzweige in das Drahtgeflecht. Das fertige Gesteck soll aussehen, als würden die Kräuter aus dem Topf wachsen.

Lavendel und Färberdistel sehen sehr dekorativ aus. Sie eignen sich gut für diese Art von Gestecken, weil sie im Moos behutsam trocknen und lange ihre Farbe behalten.

3 Drehen Sie den Topf und stecken Sie rundum weitere Kräuter hinein. Der Kükendraht hält die Zweige an ihrem Platz.

4 Wenn der Topf gefüllt ist, werden die Außenseiten mit Moos verkleidet und Lücken mit Kräuterzweigen geschlossen.

TISCHDEKORATION

Dieser große Korb voll frischer, würziger Kräuter ist ebenso dekorativ wie praktisch. Wählen Sie Kräuter, die zum Essen des Tages passen. So kann sich jeder Gast einige Zweige als Würze herauszupfen.

Dieses große Gesteck ist schnell und einfach herzustellen, spezielles Werkzeug oder besondere Kenntnisse sind nicht nötig. Die hier verwendeten Kräuter sind nur eine Anregung, im Grunde können Sie alle Kräuter verwenden, die Ihnen gefallen – frisch aus dem Garten oder im Töpfchen auf dem Markt gekauft. Achten Sie darauf, dass die Kräuter nicht nur gut aussehen, sondern auch mit Ihrem Menü harmonieren. Petersilie ist besonders vielseitig. Basilikum passt vor allem zu Salaten und Nudeln, die rotblättrigen Sorten sehen zudem interessant aus. Mit Salbei – sparsam verwendet – lässt sich Frischkäse aromatisieren, Minze, Kerbel und Dill neutralisieren die Geschmacksnerven zwischen den Gängen. Viel Aroma haben Apfelminze und grüne römische Minze. Weinraute sieht mit ihren silbrigen Blättern zwar dekorativ aus, ist aber nicht sehr bekömmlich.

KRÄUTER

Für die Füllung je eines Töpfchens:
8 bis 12 Triebe Minze, Salbei, Petersilie, Thymian etc.

Zur Dekoration des Korbes:
30 bis 50 Stiele frischen Rosmarin, je ca. 24 cm lang

Je unterschiedlicher die Blattfarben und -strukturen der Kräuter, um so attraktiver sieht der Korb aus.

So wird es gemacht

Sie brauchen: einen runden, locker geflochtenen Korb (ca. 30 cm Durchmesser, 8 bis 10 cm hoch); Moos; mittelstarke Steckdrähte, ca. 15 cm lang, U-förmig zurechtgebogen; mehrere Terrakottatöpfe, 5 bis 8 cm Durchmesser; schwarze Plastikfolie (z. B. Müllbeutel) zum Auslegen der Tontöpfe; Steckmasse zum Ausfüllen der Töpfe.

Der Korb muss locker geflochten sein, weil die gesamte Außenfläche mit Kräutern besteckt wird. Je älter die Blumentöpfe aussehen, um so dekorativer wirken sie – selbst Töpfe mit angeschlagenem Rand können Sie verwenden. Wenn Sie Kräuter in Plastiktöpfchen kaufen, stellen Sie diese einfach in Tontöpfe hinein.

1 Um den Korb mit Rosmarin zu verkleiden, drücken Sie Büschel aus je 10 bis 12 Stielen an die Seitenwand. Dann legen Sie einen Blumendraht um das Büschel, schieben beide Enden in den Korb, drehen sie dort zusammen und drücken sie flach hinunter.

2 Befestigen Sie Büschel neben Büschel an der Korbwandung. Arbeiten Sie dabei immer in der gleichen Richtung und bringen Sie die Drähte immer in der gleichen Höhe an. Der Rosmarin sollte etwa 2,5 cm über den oberen Rand des Korbes hinausragen. Zum Schluss werden die Stiele am Boden des Korbes sauber beschnitten.

4 Jetzt werden die Töpfe im Korb arrangiert. Der höchste Topf sollte hinten oder in der Mitte stehen. Die Lücken werden mit Moos ausgestopft, damit sich die Töpfe beim Füllen nicht verschieben können.

5 Stecken Sie die Kräuter so in die Steckmasse, dass sie wie natürlich gewachsen wirken. Je Topf wird nur eine Sorte verwendet. Wichtig ist, dass Steckmasse und Folie verdeckt sind, die Ränder der Töpfe jedoch sichtbar bleiben.

3 Füllen Sie den Korb zur Hälfte mit Moos. Wenn Sie geschnittene Kräuter verarbeiten, legen Sie die Töpfe mit Folie aus und drücken je ein Stück angefeuchtete Steckmasse so hinein, dass sie knapp unter der Kante der Töpfe endet. Interessanter sieht das Arrangement aus, wenn Sie einzelne Töpfe ineinander stellen, ehe Sie die Steckmasse hineindrücken.

6 Sind alle Töpfe gefüllt, treten Sie einen Schritt zurück und prüfen Sie, ob noch Lücken frei geblieben sind. Stecken Sie einzelne Zweige hinein, um ein ausgewogenes Arrangement zu erhalten. Das fertige Gesteck wird leicht mit Wasser besprüht.

Essbares Tischgesteck

Dieses originelle Gesteck, das ganz einfach zu gestalten ist, besteht ausschließlich aus essbaren Kräutern. Die Mitte bildet ein Tontopf mit frisch gehackten, würzigen Kräutern, die zum Zugreifen einladen. Eine solche Tischdekoration eignet sich für viele Gelegenheiten: für ein sommerliches Gartenfest, ein intimes Diner zu zweit, für eine Party oder, wenn mehrere Gestecke aufgestellt werden, sogar für eine große Festtafel. Das Gesteck wird ähnlich wie der Korb hergestellt. Verkleiden Sie einen kleinen Korb (ca. 15 bis 20 cm Durchmesser) mit etwa 30 Zweigen Rosmarin. Füllen Sie ihn bis zur Hälfte mit feuchter Steckmasse, in die Sie den Boden eines kleinen Blumentopfes drücken. Dann stecken Sie Petersilie in die Steckmasse zwischen Topf und Korb. Der Topf soll etwa 2 cm über die Petersilie hinausstehen. Zum Schluss gehackte Kräuter in den Topf geben.

Dieses appetitliche Gebilde aus Rosmarin, Petersilie und frisch gehackten Kräutern ist eine leckere Bereicherung für jeden Tisch. Das frische, saftige Grün bringt Farbe in eine schlichte Dekoration.

Winterliche Tischdekoration

Flackerndes Kerzenlicht bringt das festliche Gesteck aus Rosmarin, Gewürznelken, Eukalyptus und leuchtenden Färberdisteln zum Strahlen. Es ist ein Schmuck für jeden winterlichen Tisch.

Die meisten Menschen assoziieren Kräuter mit dem Sommer. Es gibt jedoch viele immergrüne Kräuter, die auch im Winter für Küche und Tisch geerntet werden können. Zu den nützlichsten immergrünen Kräutern gehört der Rosmarin. Selbst im kleinsten Garten oder wenigstens in einem Blumenkasten sollten Sie ihm ein Plätzchen reservieren.

Diese Tischdekoration ist ideal für einen festlichen Anlass im Winter, weil sie frisches Grün und Farbe ins Haus bringt. Der Rosmarin wird mit aromatisch duftenden Gewürznelken zu einem stilisierten Garten arrangiert, in dem der Rosmarin eine Hecke und die Nelken den Boden darstellen. Statt der Nelken können auch gehackte Blätter von Zitronenmelisse oder Salbei verwendet werden.

An den Ecken stehen kleine Tontöpfe mit Färberdisteln und silbrig-grauem Eukalyptus. Eukalyptus ist eine immergrüne Pflanze, die sich gut trocknen lässt und die einen wunderbaren Duft verströmt. Die Töpfe können mit der Rosmarin-Hecke kombiniert werden, sie wirken aber auch paarweise oder als Gruppe sehr schön. Denken Sie daran, dass brennende Kerzen immer beaufsichtigt werden müssen. Lassen Sie Kerzen zwischen trockenen Kräutern nicht zu weit herunterbrennen.

KRÄUTER UND GEWÜRZE

Für den „Garten“:
200 Zweige Rosmarin, 250 g Gewürznelken
Für einen Topf:
1 Zweig Eukalyptus, 12 Färberdisteln

Gewürznelken
(Syzygium aromaticum)

Eukalyptus
(Eucalyptus globulus)

Färberdistel
(Carthamus tinctorius)

Rosmarin
(Rosmarinus officinalis)

Diese attraktive Tischdekoration wurde aus frischen Rosmarinzweigen gesteckt. Sie wirkt schon für sich sehr schön, kann aber auch mit Kerzen-Gestecken in Töpfen kombiniert werden.

So wird es gemacht

Sie brauchen: Steckmasse, ca. 45 cm x 30 cm x 10 cm; Untertasse; scharfes Messer; Schere; 4 Terrakottatöpfe; 4 Stücke Steckmasse für die Töpfe; 4 Kerzen, ca. 15 cm lang, 5 cm Durchmesser; 12 Schaschlikspieße aus Holz, 8 cm lang; Floristenband; Plastikfolie.

Wenn die Steckmasse nicht die passende Größe hat, schneiden Sie sie mit einem scharfen Messer zurecht. Sie können die Form auch der Größe oder Form Ihres Tisches anpassen. Durch die Rosmarinzweige vergrößert sich das fertige Stück um etwa 5 cm an allen Seiten. Ehe Sie beginnen, schneiden Sie den Rosmarin in 10 bis 12 cm lange Stückchen. Knipsen Sie die Zweige jeweils direkt über einem Blattpaar ab, so dass keine kahlen Stängel sichtbar bleiben.

1 Drücken Sie eine umgekehrte Untertasse behutsam auf alle vier Ecken in die Steckmasse, so dass runde Abdrücke entstehen.

2 Die markierten Kreiskonturen mit einem scharfen Messer einschneiden – das geht leichter, wenn Sie vorher mit dem Messer mehrfach einstechen. Auf glatte Schnitte kommt es nicht an, denn die Kanten werden durch die Kräuter verdeckt.

4 Legen Sie die Töpfe mit Folie aus und drücken Sie je ein Stück angefeuchtete Steckmasse bis an den Rand hinein. Binden Sie mit Floristenband drei Schaschlikspieße wie einen Dreifuß am unteren Bereich der Kerzen fest. Dann die Spieße so in die Steckmasse drücken, dass die Kerze fest und gerade steht.

5 Um die Kerzen herum werden Eukalyptuszweige in die Steckmasse gesteckt, bis das Klebeband ganz verdeckt ist. Die Färberdisteln kurz unter den Blüten abschneiden und alle Lücken mit Blüten auffüllen.

3 Stecken Sie nun die Rosmarin-Zweige schräg von oben in die seitliche Kante und senkrecht in den äußeren Rand der Steckmasse, bis die gesamte Kante bedeckt ist. Danach mit einer scharfen Schere die Zweige auf etwa 5 cm zurückschneiden, bis der Rosmarin wie eine dichte Hecke wirkt. Die freie Fläche wird mit Nelken bestreut oder besteckt.

6 Wenn alle vier Töpfe fertig sind, werden sie in die Ausschnitte des Nelken-Rosmarin-Gartens gestellt. Achten Sie darauf, dass die Kerzen nicht bis zu den getrockneten Kräutern herunterbrennen.

Topf mit duftenden Blättern

An Stelle von Eukalyptus und Färberdistel kann man die Töpfe auch mit Blättern von Duftpelargonien bestecken. Sie vertragen keinen Frost, doch ich habe sie bei nicht allzu großer Kälte in meinem geschützten Garten durch den Winter gebracht. Die Pflanze stammt aus Südafrika, ist aber schon lange in Europa wegen ihrer duftenden und oft mehrfarbigen Blätter beliebt. Man kann auch verschiedene Kräuter mischen – so können Sie einzelne Triebe verwerten, die die Winterkälte überdauert haben.

Durch die Wärme der brennenden Kerze verströmen die Pelargonienblätter ihren zarten Duft. Eine cremefarbene Kerze harmoniert besonders gut mit den grün-weiß panaschierten Blättern.

Dekorative Ideen

Das Schöne an Kräutern ist ihre Vielseitigkeit: sie würzen Speisen, sie duften herrlich und viele sehen auch noch dekorativ aus. Mit den dicken Halmen des Zitronenglases lassen sich einfache Gläser umhüllen, aus glänzenden Lorbeerblättern kann man kleine Bäumchen basteln, Sträußchen und Girlanden leben durch die vielfältigen Farben und Strukturen von Blättern und Blüten.

Gläser im Kräutergewand

Rosmarin und Zitronengras eignen sich besonders gut zum Dekorieren, weil die Pflanzen robust sind und recht hoch wachsen. Hier verkleiden sie einfache, gerade Gläser, die so zu aparten und duftenden Gefäßen für Stifte oder Papier – und auch zu Blumenvasen werden können.

Beim Anblick von Zitronengras wundere ich mich jedesmal, wie diese Pflanze so intensiv nach Zitrone duften kann, obwohl sie weder in Form noch in Farbe einer Zitrusfrucht ähnelt. Die Pflanze mit dem frisch-herben Duft und den zart grünen, pergamentartigen Blättern verdient einen zweiten Blick. Bei diesem Vorschlag kommt ihre Schönheit gut zur Geltung.

Als Geschenk für einen begabten Hobbykoch könnten Sie das Glas mit einem Strauß frischer Kräuter aus dem Garten füllen. Mit Wasser gefüllt auf der Fensterbank hält das Glas Würze für viele leckere Gerichte bereit.

Schneiden Sie mit einem scharfen Messer die längsten und dicksten Halme zurecht. Ein niedriges Glas mit geraden Seiten eignet sich am besten, selbst angeschlagene Gläser kommen so noch zu Ehren. Wer mit Zitronengras hantiert, entdeckt manchmal ein weißes Pulver auf den Fingern. Das ist der ungefährliche getrocknete Saft der Pflanze, der sich leicht abwaschen lässt. Sie können auch Rosmarin verwenden, wenn Ihnen ein buschig-grünes Sträußchen besser gefällt.

So wird es gemacht

Sie brauchen für ein Glas (14 cm hoch, 7 cm Durchmesser): kleines, scharfes Messer; Schneidebrett; Schnur und Schere.

Beim Trocknen schrumpft das Zitronengras, und die Stängel können sich lockern. Um das zu vermeiden, legen Sie die Halme sehr eng zusammen oder befestigen sie mit zwei Wicklungen: je eine im oberen und im unteren Bereich des Glases.

Wenn Sie Rosmarin verarbeiten wollen, müssen Sie für ein Glas mit 8 cm Höhe und 7 cm Durchmesser 10 bis 12 Zweige rechnen.

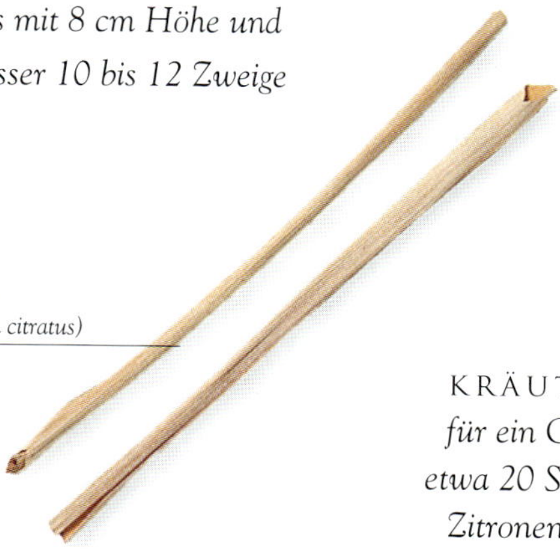

Zitronengras
(Cymbopogon citratus)

KRÄUTER
für ein Glas:
etwa 20 Stängel Zitronengras

1 Halbieren Sie die dickeren Stängel mit einem Messer der Länge nach. Dünnere Halme können Sie im Ganzen verwenden.

2 Legen Sie einige Halme um das Glas, dann wickeln Sie die Schnur herum.

3 Fügen Sie nach und nach weitere Halme dazu und umwickeln Sie sie jedes Mal fest mit der Schnur.

4 Wenn das Glas ganz verhüllt ist, winden Sie die Schnur noch einige Male so fest wie möglich um die Mitte der Halme. Anschließend werden die Enden verknotet und abgeschnitten.

5 Zum Schluss die Halme an der Unterkante des Glases mit der Schere gerade schneiden, damit das Glas sicher steht und sauber aussieht.

Die mit Zitronengras und Rosmarin umwickelten Gläser geben ihrem Schreibtisch eine individuelle Note, sie schaffen Ordnung und verbreiten dazu noch einen anregenden Duft.

LORBEERBÄUMCHEN

Kräuter müssen nicht üppig und buschig wuchern – dieser kleine Baum zeigt, dass sie auch streng wie klassische Skulpturen wirken können. Die einfache Form bekommt durch die dunklen, glänzenden Blätter einen besonderen Effekt.

Dieser kleine Lorbeerbaum ist auf einem Kugelrohling gearbeitet. Auch Pyramiden, Würfel, Obelisken und andere Formen eignen sich als Unterkonstruktion. Mein Leben lang habe ich mir ein Paar edler Marmor-Obelisken gewünscht. Da ich sie mir nicht leisten kann, habe ich welche aus Lorbeerblättern gebastelt. Sie halten zwar nicht ganz so lange wie Marmor, sehen aber ebenso dekorativ aus und sind viel preiswerter. Die Struktur entsteht dadurch, dass die dunklen, glänzenden Lorbeerblätter einander überlappen.

Es ist wichtig, dass die Proportionen von Topf, Stamm und „Baumkrone" ausgewogen sind. Ist die Krone zu groß, wirkt das Gebilde kopflastig. Ist der Topf zu groß, kommt die Krone nicht zur Geltung. Sind Durchmesser von Topf und Krone etwa gleich und der Stamm etwa so hoch wie der Topf, stimmt das optische Gleichgewicht. Solche Lorbeerbäumchen eignen sich gut als duftendes Geschenk. Als Paar oder Gruppe wirken sie besonders schön. Auch eine Reihe von Kugeln oder Bäumchen in der Mitte einer langen Tafel sieht edel aus.

SO WIRD ES GEMACHT

Sie brauchen: eine Kugel aus Steckmasse, ca. 12 cm Durchmesser; etwas Gips zum Befestigen des Stammes im Topf; einen Birkenzweig, ca. 18 bis 20 cm lang und 2,5 cm dick; Terrakottatopf oder ein anderes Gefäß (ca. 10 cm Durchmesser); Klebstoff; mittelstarken Blumendraht, zu ca. 2 cm langen „Haarnadeln" gebogen; etwas Kies; Klarlack aus der Sprühdose.

Rühren Sie den Gips an, so dass er eine cremige Konsistenz hat. Legen Sie einige Reste Steckmasse in den Topf. Sie verhindern, dass der Topf platzt, wenn sich der Gips beim Aushärten (etwa 5 Minuten) ausdehnt.

Lorbeer
(Laurus nobilis)

KRÄUTER
etwa 50 verschieden große Lorbeerblätter

1 Füllen Sie den angerührten Gips in den Blumentopf und stecken Sie den Birkenzweig hinein. Achten Sie darauf, dass er exakt gerade steht. Den Topf zur Seite stellen, bis der Gips ausgehärtet ist.

2 Wenn der Gips abgebunden hat, drücken Sie die Kugel etwa bis zur Hälfte ihres Durchmessers auf den Zweig. Die Kugel noch einmal abnehmen, Klebstoff in die Öffnung geben und wieder aufsetzen.

3 Stecken Sie die Blätter auf die Kugel. Arbeiten Sie, von oben beginnend, in Runden. Befestigen Sie jedes Blatt an einem Stück Draht (siehe Seite 101), den sie in die Kugel schieben. Die Blätter der nächsten Runde überlappen leicht, so dass die Drähte verdeckt werden. Die letzte Runde besteht aus halbierten Blättern, die bündig um den Stamm herum aufgeklebt werden.

4 Zum Schluss den Gips mit einer Schicht Kies bedecken. Wenn die Kugel besonders schön glänzen soll, kann sie mit Klarlack eingesprüht werden. Dadurch verringert sich allerdings der Duft der Blätter.

Ein Lorbeerbäumchen passt gut auf einen niedrigen Eckschrank oder in ein Regal. Hier steht es einträchtig neben einem Rosmarin-Pomander (siehe Seite 46) und einem Korb voller Salbeiblätter.

Korb mit Kräutergirlande

Vieles findet seinen Platz in einem hübschen Korb mit einem Rand aus Kräutern: Obst, ein Potpourri oder Pomander, Seife und Gästehandtücher im Bad, Servietten auf dem Esstisch.

Für diesen Korb können Sie fast alle Kräuter verwenden, auch Blätter und Blüten, frisch und getrocknet, weil die Menge und Zusammenstellung variabel ist. Ideal sind Kräuter aus dem eigenen Garten. Sie werden geerntet, wenn sie am schönsten sind, und dann zum Trocknen an einen kühlen, luftigen Platz gehängt. Für diesen Korb habe ich die dekorativen Samenkapseln der Jungfer im Grünen (Nigella damascena) verwendet. Ihre Form ist sehr interessant, und die blau-violetten Streifen harmonieren ideal mit Lavendelblüten. Wenn Sie essbare Kräuter verarbeiten wollen, bestecken Sie den Hintergrund mit Petersilie, Lorbeer und Schnittlauch. Zitronengras, Knoblauch und Chilischoten setzen Akzente.

Verwenden Sie Pflanzen mit möglichst vielen verschiedenen Formen, Strukturen, Farbtönen und natürlich Düften. Wenn einzelne Kräuter beginnen, fade und welk auszusehen, werden sie einfach ersetzt. Ein großer Korb für Holzscheite kann mit Lavendel, Salbei, Lorbeerblättern und anderen duftenden Kräuter umkränzt werden. In der Nähe des Kaminfeuers verströmen Kräuter und Holz einen herrlichen Duft.

Sie brauchen einen Flechtkorb, am besten aus Weide, in beliebiger Form. Ich bevorzuge etwa 30 cm lange, quadratische oder rechteckige Henkelkörbe, aber runde oder ovale Körbe eignen sich ebenso.

Die üppige Girlande prunkt in violetten, grünen und goldenen Tönen. Unter der gestärkten Damastserviette, geschmückt mit einem Bund Lavendel, verbergen sich die Zutaten für ein sommerliches Picknick.

KRÄUTER

Für den abgebildeten Korb braucht man:

20 Samenkapseln der Jungfer im Grünen, zu 3 oder 5 Stück gebündelt
20 Stiele Schafgarbe, zu 4 oder 5 Stück gebündelt
20 Stiele Frauenmantel, zu 4 oder 5 Stück gebündelt
20 lange Lavendelstängel, zu 5 Stück gebündelt
20 Färberdisteln, zu 4 oder 5 Stück gebündelt

So wird es gemacht

Außer dem Korb brauchen Sie: reichlich trockenes Moos oder Heu, um den Rand des Korbes zu umwickeln; Blumendraht auf der Rolle; 20 vorbereitete Abschnitte Blumendraht; Bast oder Bindfaden, um die Stiele zu umwickeln (nach Bedarf); eine scharfe Schere.

Ehe Sie den Korb dekorieren, schneiden Sie ein langes Stück Draht zurecht. Es soll um den gesamten Rand herumreichen und sich an den Enden zusammendrehen lassen. Um diesen Draht legen Sie die Moosgirlande und wickeln zur Befestigung einen zweiten feinen Draht spiralförmig herum.

Das Moos wird auseinander gezupft, dann entfernen Sie alle Klümpchen und Holzreste. Befestigen Sie die Moosgirlande gut mit Blumendraht, denn sie soll die Kräuter und Blüten tragen. Die Kräuter sollten vor allem an der Außenseite des Korbes stecken, damit man den Inhalt gut sehen kann.

1 Legen Sie eine Hand voll Moos um den Drahtring und umwickeln es gut mit Blumendraht. Stecken Sie weiter Moos, bis der gesamte Drahtring dicht und fest umhüllt ist. Der Moosrand soll rundherum gleichmäßig dick sein. Das Drahtende mit einigen zusätzlichen Wicklungen fixieren und abschneiden.

3 Binden Sie aus allen Pflanzen mit Ausnahme des Lavendels kleine Sträußchen von 5 bis 10 Stielen, je nach Größe. An jedem Sträußchen wird ein Steckdraht befestigt.

4 Jetzt werden die Sträußchen am Korb angebracht: Den Draht durch das Moos zur Innenseite des Korbes stecken, umbiegen und ins Moos zurückschieben. Alle Sträuße werden so fixiert, bis der ganze Rand bedeckt ist. Die Sträuße sollten etwa auf gleicher Höhe und in der gleichen Richtung eingesteckt werden.

2 Legen Sie die Moosgirlande um den Korbrand und befestigen sie in Abständen von 10 cm, indem Sie Steckdrähte durch das Moos schieben, dann um den Korbrand biegen und an den Enden fest zusammendrehen. Danach die Enden ins Moos schieben.

5 Die Lavendelsträuße werden zuletzt befestigt. Wenn sie in verschiedene Richtungen zeigen, wirkt das Körbchen weniger streng. Falls noch Lücken in der Girlande geblieben sind, werden sie mit kleinen Zweigen oder Kräuterbündeln gefüllt.

Holzschachtel mit Kräutergirlande

Auch eine schlichte Holzschachtel kann mit einer Girlande veredelt werden. Da Sie aber Kräuter und Blüten nicht mit Drähten im Holz befestigen können, müssen Sie die Kräutersträußchen aufkleben. Am einfachsten geht das mit einer Heißklebepistole (siehe Techniken, Seite 100).

Solche Verzierung passt auch gut zu anderen kleinen Behältnissen, die mit einer Moosgirlande zu kopflastig wirken würden. Als Füllung für diese Schachteln bietet sich ein duftendes Potpourri an (siehe Seite 50).

Das Foto zeigt eine Schachtel aus Balsaholz mit einer Dekoration aus Artischocken (Cynara cardunculus), Mondviolen (Lunaria annua) und Zitronengras (Cymbopogon citratus). Sie können aber auch alle anderen Kräuter vom Markt oder aus dem Garten verwenden. Große Samenstände oder Blüten müssen nicht gedrahtet werden.

Im Bad oder Gästezimmer ist eine schlichte Holzschachtel mit einem dekorativen Rand aus Blüten und Blättern ein stilvolles Gefäß für Seife und Schwamm.

Duftsträusschen

Ein kleines, liebevoll gebundenes Sträußchen ist die perfekte Art, um Kräuter und Blüten zu präsentieren, ganz gleich, ob Sie nun einen würzigen Strauß aus Küchenkräutern binden oder viele Kräuter und Blumen zusammenbinden.

Kleine Sträuße aus duftenden Kräutern und Blüten waren im elisabethanischen England sehr populär. Man trug sie auf der Straße und vergrub die Nase darin, um sich gegen die unangenehmen Gerüche jener Zeit abzuschirmen. Das Schöne an diesen Sträußchen ist, dass die verarbeiteten Kräuter und Blüten beim Trocknen kaum an Farbe und Form verlieren. Ein weiterer Vorteil ist, dass die Sträuße sich gut zum Lagern von Würz- und Heilkräutern eignen: Man zupft einfach die Blätter heraus, die man benötigt. An der Luft getrocknet (siehe Seite 102 bis 104) und vor direktem Sonnenlicht geschützt, bleiben die Sträußchen über Jahre schön.

Wenn im Sommer die Kräuter üppig sprießen, können Sie jede Woche andere Pflanzen ernten. Soll der Strauß ausschließlich zur Dekoration dienen, passen auch bunte Blüten hinein. Wichtig ist, dass alle Pflanzen an der Luft getrocknet werden können. Die Stiele müssen fest und gesund sein, vor allem dürfen sie nicht von Pilzen oder Schädlingen befallen sein. Alle Farbkombinationen sind denkbar. Goldrute (Solidago), wilder Majoran (Origanum vulgare) und Kugeldisteln (Echinops) ergeben schöne Gelb-violett-Kontraste, aus Rosen (Rosa sp.) und Nelken (Dianthus) lässt sich ein duftender Traum in Rosa binden. Für einen Strauß in zarten Blautönen kombinieren Sie Lavendel mit Blüten des Schwarzkümmel.

Ein Biedermeiersträußchen sieht überall niedlich aus. Soll es an die Wand gehängt werden, muss die Rückseite flach gebunden werden (siehe Kräutersträußchen, S. 92 bis 93). Wichtig ist, dass der Strauß weder Feuchtigkeit noch direktem Sonnenlicht ausgesetzt ist.

KRÄUTER UND BLÜTEN
Je ca. 20 Stiele
Schwarzkümmel-Blüten
Ringelblumen, Frauenmantel
Lavendel, Nelken

Frauenmantel *(Alchemilla mollis)*

Ringelblume *(Calendula officinalis)*

Lavendel *(Lavandula angustifolia)*

Nelke *(Dianthus sp.)*

Schwarzkümmel-Blüten *(Nigella sativa)*

So wird es gemacht

Sie brauchen eine große Arbeitsfläche, auf der Sie die Kräuter und Blüten ausbreiten können; eine Schere zum Stutzen und Entlauben der Stiele; Blumendraht; ein oder zwei stabile Gummibänder; je 75 cm Bindfaden oder Bast sowie Geschenkband zum Binden und Aufhängen des Straußes.

Streifen Sie zuerst alle Blätter vorsichtig ab, ohne dabei die Stiele zu verletzen oder abzuknicken. Bereiten Sie alle Kräuter und Blumen vor – wenn Sie mit dem Binden beginnen, brauchen Sie beide Hände, die Pflanzen müssen also parat liegen.

Haben Sie alle Stiele so in der Hand arrangiert, dass Ihnen der Strauß gefällt, binden Sie provisorisch einen Bindfaden um die Stiele. Nun kann der Strauß auf der Arbeitsfläche abgelegt werden, Ihre Hände können sich einen Augenblick lang entspannen. Der Bindfaden sollte gut festgezogen werden, ohne jedoch die Stiele zu knicken oder zu quetschen.

Nun werden die Stiele mit einem Gummiband fixiert. Sie verhindern so, dass sie sich lockern, wenn die Pflanzen beim Trocknen schrumpfen. Es wäre schade, eines Tages eine leere Schlaufe an der Wand und die Blüten auf dem Boden zu finden.

1 Bereiten Sie alle Pflanzen vor. Die Blätter werden vorsichtig von den Stielen abgestreift. Mehrstielige Pflanzen wie Ringelblumen müssen zuerst in einzelne Stängel zerschnitten werden.

4 Halten Sie den Strauß von Zeit zu Zeit etwas von sich weg, um die Form zu prüfen. Sehr schlanke Pflanzen wie Lavendel werden in Gruppen von drei oder mehr Stielen eingebunden, sonst kommen sie neben den kompakteren Blüten nicht zur Geltung.

5 Fügen Sie die schönsten Pflanzen zum Schluss hinzu. Längere Stiele werden in die Mitte des Straußes hineingeschoben, kürzere arrangieren Sie am Rand, um die kugelige Form zu wahren. Binden Sie dann eine Schnur um die Stiele und fixieren sie mit einem Gummiband.

2 Sortieren Sie die Pflanzen auf der Arbeitsfläche nach Arten. Halten Sie einige Stiele als lockeres Bündel in der freien Hand.

3 Fügen Sie mit der anderen Hand nach und nach einzelne Stiele hinzu. So wird die kugelige Form des Straußes langsam aufgebaut. Das gelingt leichter, wenn Sie den Strauß während des Bindens gelegentlich drehen. Soll der Strauß an der Wand hängen, muss er eine flache Rückseite bekommen (siehe Kräutersträußchen, Seite 92 bis 93). Ein frei hängender Strauß wird gleichmäßig rund gebunden.

6 Jetzt binden Sie Bast oder eine breite Schleife so um die Stiele, dass Gummiband und Schnur verdeckt werden. Zum Schluss wird eine Schlaufe zum Aufhängen des Sträußchens befestigt.

Wandschmuck für die Küche

Der rustikale Wandbehang aus Sackleinen und Terrakottatöpfen ist eine originelle Aufbewahrungsidee für Kräuter. Frische Kräuter werden gebündelt und trocknen langsam neben Knoblauch, Gewürzen und Blüten.

Jeder hat in der Küche gern dekorative Kleinigkeiten um sich. Weil aber der Platz eigentlich zum Arbeiten gebraucht wird, würden Töpfe und Schalen auf den Arbeitsflächen eher im Weg stehen. Dieser dekorative und praktische Wandbehang passt jedoch auch in eine kleine Ecke.

Mir gefallen alte Terrakottatöpfe besonders gut, weil der verwitterte Ton mehr Charakter hat als fabrikneue Ware. Wenn Sie keine alten Töpfe im Garten stehen haben, sehen Sie sich auf Flohmärkten oder bei Trödlern um. Manche Gärtnereien geben ausgemusterte Töpfe sogar umsonst ab. Natürlich können Sie auch neue Töpfe oder glasierte Gefäße verwenden, die im Farbton zu Ihrer Kücheneinrichtung passen. Sehr hübsch sieht es aus, wenn man zwei Töpfe ineinander stapelt und etwas Moos dazwischen schichtet. So lassen sich auch angeschlagene Ränder leicht verstecken.

Wenn Sie keine Jutesäcke im Haus haben, sehen Sie sich in einem Stoffgeschäft nach Sackleinen als Meterware um. Natürlich können Sie auch grobes Leinen oder einen anderen rustikalen Stoff verwenden.

Dieser Wandschmuck hält viele Kräuter für die Küche bereit, ohne im Weg zu sein. Die Kräuter trocknen langsam und sehen jahrelang schön aus. Wenn eine Sorte nach einigen Monaten Farbe und Aroma verliert, kann sie leicht durch frischen Nachschub ersetzt werden.

KRÄUTER UND BLÜTEN

3 Bündel Lavendel
3 Bündel Majoran
3 bis 4 Bündel Thymian
4 bis 5 Sonnenblumen
6 bis 7 Artischocken
5 bis 6 Knollen Knoblauch

So wird es gemacht

Für einen etwa 110 cm langen Behang brauchen Sie: Kükendraht, Maschenweite 2,5 cm bis 5 cm, in Stücke von 30 cm x 90 cm geschnitten; getrocknetes Moos oder Heu; 6 bis 7 kleine Tontöpfe; Draht zum Aufhängen; etwa 1 m Sackleinen für die Schleife (siehe Techniken, Seite 107); Blumendraht und Baumwollkordel; Bast oder Bindfaden zum Binden der Kräutersträußchen.

Die Kräutersträußchen werden mit Bast oder Baumwollkordel abgebunden und jedes für sich mit einem Stück Blumendraht am Wandbehang befestigt – so können sie leicht ersetzt werden.

1 Befestigen Sie an allen Blumentöpfen Drähte: Schieben Sie ein langes Stück Blumendraht durch das Abzugsloch des Topfes, dann drehen Sie beide Drahtenden über dem Topfrand fest zusammen.

2 Legen Sie den Kükendraht auf die Arbeitsfläche und verteilen das Moos zur Mitte, schlagen die Seiten des Drahtes zur Mitte um und drehen die überstehenden Drahtenden an den Kanten zusammen.

4 Einige Kräutersträußchen werden mit Draht direkt auf der Moosunterlage befestigt. Die Kräuter in den Töpfen fixieren Sie, indem Sie die Drähte durch das Abzugsloch schieben und im Moos verankern.

5 Größere Lücken werden nun mit Sonnenblumen gefüllt. Befestigen Sie Drähte an den Blüten und fixieren Sie diese wie die Kräutersträuße. Danach werden kleinere Blüten und zum Schluß der Knoblauch angebracht.

3 Befestigen Sie die gedrahteten Blumentöpfe abwechselnd schräg nach rechts und links geneigt an der Moosunterlage. Heben Sie den Behang regelmäßig an, um den Halt und die Position der Töpfe zu kontrollieren. Korrigieren Sie das Arrangement, falls nötig.

6 Binden Sie aus einem Stück Sackleinen eine große Schleife (siehe Seite 107), die Sie ebenfalls mit Draht an dem Wandbehang befestigen. Mit einem Haken aus einem Rest Kükendraht wird der Wandschmuck aufgehängt.

Chili-Wandschmuck

Dies ist eine sehr dekorative Art, die schönen, glänzenden Chili-Schoten zu trocknen. Ein solcher Kranz sollte außerhalb der Reichweite von Kindern hängen, weil der Saft der Früchte Reizungen an Augen, Mund und gelegentlich auch Haut hervorrufen kann. Aus diesem Grund sollten Sie bei der Verarbeitung Handschuhe tragen. Die Sorte Capsicum annuum longuum mit den größeren Schoten ist besser geeignet als die kleinere, sehr scharfe Sorte C. frutescens. Alle Sorten werden jedoch mit zunehmender Reife schärfer.

Sie brauchen etwa 40 frische, rote Chilis, 10 bis 12 kleine Bündel frischen Thymian, 10 bis 12 frische Lorbeerblätter, Zwirn und eine Nadel. Schneiden Sie ein etwa 75 cm langes Stück Zwirn zurecht. Ein Ende wird in die Nadel eingefädelt, in das andere Ende binden Sie einen Knoten. Wickeln Sie ein Lorbeerblatt um ein Bündel Thymian und stechen Sie die Nadel durch Anfang und Ende des Blattes. So kann es nicht verrutschen. Fädeln Sie nun abwechselnd einige Chilis und ein Lorbeer-Thymian-Bündel auf. Die Enden des Zwirns werden fest verknotet.

Dieser flammend rote Chili-Kranz bringt Pep in die Küche. Die kleinen Thymiansträußchen sind dekorativ mit Lorbeerblättern umwickelt.

Raumdüfte

Bringen Sie mit dekorativen Gebinden Wohlgeruch in alle Räume. Kräuter verströmen einen sanften Duft, viel natürlicher und unaufdringlicher als der von synthetischen Lufterfrischern. Mit Blüten kombiniert lassen sie sich zu duftenden Schmuckstücken binden, die jahrelang schön bleiben. Rosmarin-Pomander, Duftkissen und Kräuterpotpourris sehen nicht nur schön aus – sie sorgen vor allem für natürlich frische Luft.

Rosmarin-Pomander

Die originellen Duftbälle erinnern an frisch beschnittene Buchsbaumkugeln. Sie sehen beeindruckend aus, sind aber schnell und ganz einfach aus frischen Kräutern herzustellen.

Ich bin immer wieder fasziniert vom Anblick frisch beschnittener Buchsbaumhecken, wie man sie oft in alten, klassischen Gärten sieht. Und ich habe eine Schwäche für altmodische Pomander aus Früchten, die mit Gewürznelken gespickt werden (siehe Seite 68 bis 69). Sie sehen reizend aus und verströmen einen angenehm würzigen Duft. Die duftenden Kräuterkugeln sind einfach herzustellen. Außer vielen Kräutern, am besten frisch aus dem Garten, brauchen Sie nur etwas Geduld.

Sehr reizvoll sieht eine Kombination von Majoran mit Curryblumen aus, deren Knospen zusätzliche Abwechslung bringen. Bevor Sie zum ersten Mal einen solchen Pomander stecken, sollten Sie sich bewusst machen, dass auch kleine Kugeln eine beträchtliche Oberfläche haben: Sie brauchen also reichlich Kräuter. Experimentieren Sie zunächst mit kleinen Kugeln, bis Sie ein Gefühl für die nötigen Mengen bekommen.

Wenn Sie eine größere Sammlung von Pomandern arbeiten möchten, sollten Sie auch Gewürze nicht außer Acht lassen. Sternanis und Pfefferkörner, besonders die grünen und rosa Sorten, sehen auf Kugeln geklebt sehr dekorativ aus.

Schön anzusehen sind die Duftkugeln, wenn sie in einer flachen Schale mit anderen runden Objekten arrangiert werden, etwa glatten Steinen vom Strand. Auch als Krönung einer Potpourri-Schale (siehe Seite 50) sind Pomander sehr hübsch.

KRÄUTER

etwa 30 Zweige Rosmarin für eine Kugel

So wird es gemacht

Für einen Pomander brauchen Sie eine Kugel aus trockener Steckmasse (10 cm Durchmesser) und eine stabile Schere.

Knipsen Sie zuerst alle welken Blätter vom Rosmarin ab. Stecken Sie dann die erste Reihe von Zweigen um den „Äquator" der Kugel, so dass die Oberfläche in zwei Hälften geteilt wird. Wiederholen Sie den Vorgang in der anderen Richtung, um die Fläche zu vierteln. Auf diese Weise ist es einfacher, die Kugel gleichmäßig rund zu bestecken.

Auch Majoran und andere Kräuter mit einigermaßen festen, leicht verholzten Stielen können zu solchen Pomandern verarbeitet werden.

1 Schneiden Sie die Rosmarinzweige in kleine Abschnitte und stecken sie in die Kugel. Unterteilen Sie die Fläche zuerst in Hälften, dann in Viertel. Die Abstände zwischen den einzelnen Zweiglein sollten so gleichmäßig wie möglich sein.

Kräuterpomander passen an jeden Platz, an dem ihre Form und ihr Duft Freude macht: wie hier auf einem Beistelltisch, vielleicht auch an einem Band aufgehängt oder in einer Schale zwischen Nelkenpomandern (siehe Seite 60). Die Kugeln schrumpfen beim Trocknen zwar etwas, sie sehen aber trotzdem lange schön aus.

2 Schon während des Steckens werden die Zweige nachgeschnitten, damit die Kugelform gut erkennbar bleibt. Achten Sie darauf, nicht zu viel wegzuschneiden. Die Aufteilung in Viertel macht diesen Arbeitsschritt leichter.

3 Füllen Sie die vier Teilflächen nacheinander aus, bis die Kugel ganz bedeckt ist. Jetzt geben Sie dem Pomander mit der Schere ganz vorsichtig den letzten Schliff. Beim Schneiden wird die Kugel langsam gedreht.

Verhüllte Kerzen

Frische Kräuter, einfach um eine schlichte, dicke Kerze gebunden, sehen im flackernden Licht zauberhaft aus. Durch die Wärme werden die ätherischen Öle in den Blättern freigesetzt und ihr würziger Duft erfüllt den Raum.

Ein Essen bei Kerzenlicht hat besonderen Zauber – vor allem, wenn die Kerzen so edel aussehen und so aromatisch duften wie diese. Für diese Kerzen habe ich Thymian verwendet. Andere Kräuter sind ebenso geeignet – experimentieren Sie mit Lavendel, Rosmarin, frischen Lorbeerblättern, Salbei oder Majoran. Schöne Duftmischungen erhalten Sie, indem Sie Kerzen mit unterschiedlichen Kräutern umhüllen oder verschiedene Kräuter auf einer Kerze kombinieren.

Ich habe recht kurze, dicke Kerzen verwendet, die auch ohne Kerzenhalter sicher stehen. Möchten Sie das Arrangement abwechslungsreicher gestalten, können Sie natürlich auch andere Kerzenformen wählen. Sehr schön sieht es aus, wenn auch die Leuchter passend zu den Kerzen mit Kräutern dekoriert werden. Befestigen Sie die Kräuter nur am Leuchter, so kann kein Wachs darauf tropfen. Das hat den Vorteil, dass Sie sie später noch zum Kochen verwenden können.

Ein Wort der Warnung darf hier nicht fehlen. Kerzen sollten niemals unbeaufsichtigt brennen. Passen Sie auf, dass die Flamme den Kräutern nicht zu nahe kommt, sonst kann es auf dem Tisch schnell heißer werden als Ihnen lieb ist.

So wird es gemacht

Für eine frei stehende Kerze brauchen Sie: eine gerade Kerze (mindestens 7,5 cm Durchmesser, 10 cm hoch); Bast; Hanf- oder Baumwollgarn, Bast oder Blumendraht zum Aufbinden der Kräuter.

Beim Befestigen der Schnur an der Kerze muss ein etwa 5 cm langes Stück hängen bleiben, mit dem zum Schluss die Kräuter festgebunden werden. Binden Sie immer nur eine kleine Menge Kräuter pro Arbeitsschritt fest, sonst verrutschen die Stiele. Legen Sie einige Zweige an die Kerze und umwickeln beides fest mit Schnur. Wenn die ganze Kerze umhüllt ist, winden Sie die Schnur noch einige Male um die Kräuter und ziehen sie kräftig fest. Dann werden Anfang und Ende der Schnur verknotet. Thymian eignet sich als Umhüllung für eine stehende Kerze sehr gut, weil die Stiele leicht holzig sind und zusätzliche Stabilität geben.

KRÄUTER
für eine Kerze:
etwa 30 Zweige Thymian

Thymian
(Thymus vulgaris)

1 Binden Sie ein Ende der Schnur um den unteren Bereich der Kerze. Das überstehende Schnurende nicht abschneiden.

2 Halten Sie die Kerze am unteren Ende. Legen Sie nun einige Kräuterzweige auf die Kerze und wickeln Sie die Schnur fest herum.

3 Fügen Sie nach und nach weitere Kräuter hinzu. Die Blattspitzen zeigen zum Docht hin, die Stiele zur Basis der Kerze. Drehen Sie die Kerze bei der Arbeit langsam und befestigen Sie jede Portion Kräuter mit einer sehr strammen Wicklung aus Schnur.

4 Wenn die Kerze bedeckt ist, wickeln Sie die Schnur noch einige Male um die Kräuter und ziehen sie gut fest. Jetzt wird das überhängende Ende vom Anfangsknoten herausgezogen und fest mit dem Schnurende verknotet. Mit einer Schere schneiden Sie die Stiele der Kräuter ab, so dass sie bündig mit dem Boden der Kerze abschließen. Dadurch erhält die Kerze eine bessere Standfestigkeit.

Eine Kerze im Thymian-Mantel sieht originell und freundlich aus, obendrein verbreitet sie einen angenehm würzigen Duft. Kräuterkerzen eignen sich gut als Tischdekoration für ein festliches Essen, vor allem, wenn die Kräuter zum Menü passen.

Kräuter-Potpourri

Dieses Potpourri in sanften Schattierungen von Silbergrau, Grün und Blau bekommt Leben durch einzelne tiefrote Blütenblätter. Wenn der zarte Duft im Lauf der Zeit verfliegt, können Sie ihn einfach mit einigen Tropfen ätherischen Öls auffrischen.

Schalen mit Mischungen aus getrockneten Blüten, Kräutern und Gewürzen wurden schon in biblischen Zeiten zum Beduften von Räumen und Kleidern verwendet. Heute sind Potpourris wieder in Mode gekommen, viele Sorten werden im Handel angeboten. Leider sind sie meist viel zu aufdringlich und oft auch mit synthetischen Düften parfümiert. Selbst gemischte Potpourris aus natürlichen Kräutern haben einen sanfteren Duft – und das Experimentieren mit den Aromen macht viel Spaß.

Der französische Begriff „pot pourri" bedeutet wörtlich übersetzt „verfaulter Topf" – Potpourris waren ursprünglich feucht. Man schichtete leicht angetrocknete Blütenblätter mit Salz in ein Tongefäß und ließ die Mischung einige Wochen lang fermentieren, bis eine krümelige Masse entstand. Diese mischte man mit zerkleinerten Kräutern, Blütenblättern und Gewürzen und ließ die Mixtur wiederum einige Wochen reifen. Allerdings sahen diese feuchten Potpourris recht unansehnlich aus, darum sind heute trockene Potpourris beliebter – auch wenn ihr Duft milder ist und schneller verfliegt.

KRÄUTER

20 Zweige getrockneter Lavendel
20 Zweige getrockneter Majoran
30 g getrocknete rosa oder rote Nelken-Blütenblätter
6 Zweige getrocknete Mondviole
6 Zweige getrockneter Eukalyptus

Ein Potpourri sieht am schönsten aus, wenn die Farben und Formen der verschiedenen Kräuter miteinander kontrastieren.

So wird es gemacht

Außer den Kräutern brauchen Sie: eine große Glas- oder Keramikschüssel; Schere; ätherisches Öl (ich verwende gern Orangenöl); Gummiband oder Bindfaden; Papiertüte.

Rosen werden besonders gern als Hauptzutat für Potpourris verwendet, weil ihr natürlicher Duft haltbarer ist als der von vielen anderen Blüten. Allerdings werden heute viele Rosenarten nach optischen Gesichtspunkten gezüchtet, der Duft geht dabei verloren.

Trockene Potpourris sind einfacher herzustellen als feuchte. Sie brauchen lediglich einige Blüten und Kräuter, die sorgfältig getrocknet werden. Zur Intensivierung des Duftes können auch Gewürze untergemischt werden. Das ist schon die ganze Kunst, der Rest liegt im Experimentieren mit den Farben und Düften von Blüten und Kräutern.

Die fertige Mischung wird in eine Papiertüte gefüllt und für einige Tage fest verschlossen. Dadurch entfalten und mischen sich die ätherischen Öle der Pflanzen, das Potpourri „reift“.

1 Streifen Sie vom Eukalyptus die trockenen Blätter ab und geben Sie sie in eine große Schüssel. Dabei wird schon ein Teil der ätherischen Öle freigesetzt. Wenn Sie die Blätter zwischen den Händen grob zerreiben, verstärken Sie diesen Effekt.

3 Streifen Sie dann die flachen Blätter der Mondviole ab und geben sie ebenfalls in die Schüssel. Die flachen, silbrigen Blätter mit den dunklen Samenkörnern passen sehr gut zu den glatten, graugrünen Eukalyptus-Blättern. Mit einer scharfen Schere schneiden Sie die Lavendelstiele in kleine Stücke.

4 Mischen Sie alle Zutaten gründlich. Zum Schluss wird eine Hand voll getrockneter Nelken-Blütenblätter dazugefügt, um dem Potpourri Duft und einen farblichen Kontrast zu geben. Auch andere farbige Blätter können jetzt untergemischt werden.

2 Halten Sie den Strauß getrockneten Lavendel über die Schale und streifen Sie die Blüten mit den Fingern ab.

5 Geben Sie einige Tropfen eines ätherischen Öls auf die Blätter. Der herb-frische Geruch von Orangenöl passt besonders gut zu den Kräutern. Noch einmal alle Blätter gründlich mischen. Die fertige Mischung sollte in einer verschlossenen Papiertüte einige Tage lang reifen.

Blüten-Potpourri

Ein sehr schönes Potpourri mit zartem Duft erhalten Sie, wenn Sie während des ganzen Sommers verschiedene Blüten im Garten sammeln und trocknen.

Im frühen Herbst haben Sie dann eine Sammlung von Blüten, mit der sich mehrere Potpourri-Schalen füllen lassen.

Geben Sie einige gekaufte, getrocknete Rosenknospen zu Ihrer Blütensammlung und parfümieren sie mit einigen Tropfen ätherischem Öl – der Duft dieser aparten Mischung wird dann noch angenehmer. Das Foto zeigt eine Mischung aus Nelkenblüten, Päonien und Rosen mit Ringelblumen und blauen Irisblüten. Zitronenverbenen geben dem Potpourri einen frischen Zitronenduft.

Eine schlichte, flache Glasschale bewahrt den Duft und die Farben des Sommers. Geben Sie Blätter von Zitronenverbenen hinzu und zusätzlich einige Tropfen Rosenessenz – der Duft wird noch schöner.

Duft aus der Tasche

Genießen Sie Wohlgerüche – im Lieblingssessel, auf dem Sofa oder im Bett. Ein Säckchen voll duftender Kräuter passt genau in eine Tasche, die auf die Vorderseite eines Kissens genäht ist.

Wenn Sie, so wie ich, nicht allzu begabt für Nadelarbeiten sind: keine Angst! Für diese Taschen brauchen Sie keine großen Nähkünste, Sie können einfach einen fertigen Kissenbezug kaufen. Nehmen Sie am besten eine schlichte Hülle und suchen Sie einen passenden oder auch kontrastierenden Stoff für die Tasche aus. In Stoffgeschäften und größeren Kaufhäusern gibt es eine große Auswahl an Stoffen mit Blumen- oder Kräuterdrucken. Sehen Sie ruhig auch in der Restekiste nach, Sie brauchen nur ein kleines Stück.

Haben Sie sich Kissen passend zu Ihren Polstermöbeln anfertigen lassen, so können Sie auch die Tasche beim Polsterer aufsetzen lassen. Nur die Kräuterinlets müssen Sie selbst nähen.

Die Kräutermischung, die ich verwendet habe, ist nur ein Vorschlag. Der Duft ist sehr fruchtig, mit einem leicht orientalischen Anklang, der von den Kardamomkapseln herrührt. Sie könnten auch eine Mischung aus je 55 g Rosmarin und Thymian mit etwas Zitronengras verwenden.

So wird es gemacht

Für die Tasche auf einem einfachen, quadratischen Kissenbezug brauchen Sie: ein rechteckiges Stück Stoff, etwa 23 cm x 30 cm. Für das Kräuterinlett brauchen Sie ein Stück einfachen Baumwollstoff, 15 cm x 30 cm. Außer den Kräutern brauchen Sie eine Schere, Nadel und Faden.

Legen Sie zuerst den Stoff für die Tasche mit der rechten Seite nach unten, falten und stecken Sie beide Längsseiten und eine Schmalseite 2 cm breit um. Die andere Schmalseite wird ebenfalls 2 cm breit umgeschlagen und etwa 1 cm neben der Bruchkante festgesteppt. Dann von links alle Kanten scharf umbügeln und dabei die Stecknadeln entfernen. Legen Sie die Tasche auf die Vorderseite des Kissens und fixieren sie mit Nadeln. Drei Seiten der Tasche werden von Hand auf das Kissen genäht, die obere Schmalseite bleibt zum Einschieben des Kräuterbeutels offen. Vorsicht: die Rückseite des Kissens nicht mit festnähen.

KRÄUTER UND GEWÜRZE

55 g Kardamomkapseln
55 g getrockneten Rosmarin
55 g getrocknetes Zitronengras

1 Für das Kräuterinlett mischen Sie die Kräuter und legen sie als Häufchen auf eine Seite des Baumwollstoffs.

2 Klappen Sie den Stoff zusammen, stecken Sie die drei offenen Seiten zu und steppen sie anschließend aufeinander.

3 Legen Sie die Kissenhülle auf eine Arbeitsfläche und fixieren Sie die vorbereitete Tasche mit Stecknadeln mittig auf der Vorderseite. Dann wird die Tasche von Hand aufgenäht. Achten Sie darauf, dass Sie beim Aufnähen die Rückseite des Kissens nicht mitfassen.

4 Schieben Sie das Kräutersäckchen so in die Tasche auf dem Kissenbezug, dass es glatt und flach liegt. Der Vorteil einer offenen Tasche ist, dass Sie das Kräuterinlett jederzeit durch ein frisches ersetzen können. So können Sie mit immer neuen Kräutermischungen experimentieren, bis Sie eine Mischung gefunden haben, die besonders gut in den Raum passt.

Der Stoff mit dem Orangenbäumchen im Kübel, der für diese Tasche gewählt wurde, passt perfekt zum Thema Kräuter. Das einladend duftende Kissen sieht auf dem alten Sessel mit seinem Rohrgeflecht stilvoll aus.

DUFTENDE KRÄUTERKRÄNZE

Diese Kränze mit ihrer Mischung aus Blumen und ungewöhnlichen Kräutern sehen frisch und sommerlich aus. Die zarte Pracht hält sich einige Tage lang.

Diese farbenprächtigen Kränze aus frischen Kräutern sind eine wunderbare Türdekoration, mit der Sie beispielsweise die Gäste einer sommerlichen Hochzeit begrüßen könnten. Auch als Tischschmuck, vielleicht kombiniert mit Kräuterkerzen (siehe Seite 48 bis 49), sehen Sie prächtig aus.

Die Kränze werden auf einem Drahtunterbau gesteckt, der mit feuchtem Sphagnum-Moos ausgestopft ist. So werden die gedrahteten Kräuter und Blüten mit Wasser versorgt und halten sich einige Tage lang frisch. Drahtkränze werden in vielen Größen in Blumengeschäften und guten Bastelgeschäften angeboten, auch andere Formen sind erhältlich. Bei der Wahl des Durchmessers sollten Sie bedenken, dass Moos und Blüten den Kranz um mindestens 12 cm vergrößern.

Ich habe eine Auswahl verschiedener Kräuter verwendet. Experimentieren Sie ruhig selbst, und Sie werden feststellen, dass viele reizvolle Effekte möglich sind. Attraktiv sind auch Kränze, die nur aus einer einzigen Kräutersorte bestehen, etwa Weinraute oder Lorbeer. Auch aus getrockneten Kräutern können solche Kränze gesteckt werden, allerdings muss das Moos dann völlig trocken sein, damit sich kein Schimmel bildet. Festlich vollendet wirkt der Kranz mit einer üppigen Schleife.

Färberdisteln und duftende Kräuter fügen sich hier zu einem klassischen, sehr dekorativen Kranz zusammen. Die Blattstrukturen und -formen tragen ebenso zum Gesamtbild des Kranzes bei wie die Farben.

KRÄUTER

Mindestens je 20 Stiele von jeder der folgenden Sorten: Mutterkraut, Rosenknospen, Prachtscharte, Curryblume, Minze, Lavendelgrün, Lorbeer, Färberdistel, Stranddistel, Rosen, Petersilie

So wird es gemacht

Neben den Kräutern brauchen Sie: einen Kranzrohling aus Draht, ca. 25 cm Durchmesser, einen großen Beutel Sphagnum-Moos, feinen Bindedraht, Steckdrähte in unterschiedlichen Stärken, eine scharfe Schere.

Bereiten Sie zuerst die Kräuter nach Sorten getrennt vor. Binden Sie jeweils einige Stiele mit Draht zu einem kleinen Strauß zusammen (siehe Techniken, Seite 101). Für die meisten Pflanzen eignet sich mittelstarker Steckdraht am besten.

1 Zuerst wird der Kranzrohling mit Moos ausgepolstert. Dazu nehmen Sie jeweils eine Hand voll Moos, drücken es in den Drahtrohling und umwickeln dann beides spiralförmig mit Bindedraht.

2 Anschließend werden die grünen Kräuter mit Draht zu kleinen Sträußchen gebunden. Nehmen Sie etwa 4 bis 5 Stiele Minze, 7 bis 8 Stiele Petersilie und 3 bis 4 Lorbeerblätter. Von jeder Sorte werden etwa 10 Sträußchen benötigt.

4 Zwischen die grünen Kräuter stecken Sie dann Sträußchen aus Curryblumen und Lavendel. Ihr silbrig schimmerndes Laub sorgt für Abwechslung in Farbe und Struktur.

5 Anschließend werden die robusteren Blüten gesteckt (Färberdistel, Stranddistel und Prachtscharte). Auch diese werden gleichmäßig verteilt und in unterschiedlichen Winkeln angeordnet.

3 Nun stecken Sie die Kräutersträußchen gleichmäßig verteilt in den Kranz. Schieben Sie den Draht ganz durch das Moos hindurch und achten Sie darauf, dass die Stiele der Kräuter bis ins Moos hineinreichen. Die Drahtenden werden umgebogen und ins Moos zurückgeschoben. Damit der Kranz schön rund wird, müssen die Kräuterbüschel in unterschiedlichen Winkeln eingesteckt werden.

6 Zum Schluss fügen Sie die zartesten Blüten hinzu: Mutterkraut und Rosen. Die größeren Rosenblüten werden einzeln gedrahtet und ganz zuletzt eingesteckt.

Trockenkranz mit Hopfen und Lavendel

Dieser Kranz ist ganz einfach aus verschiedenen Kräutern herzustellen. Wichtig ist nur, dass eine Sorte lange Ranken bildet. Auf einem Unterbau aus Weinranken oder Efeu sind hier Lavendel- und Hopfenzweige arrangiert. Sie können auch Weidenruten oder andere biegsame Zweige zu einem Kranzrohling formen. Die rund gebogenen Zweige werden mit stabilem Bindedraht zusammengehalten. Der Lavendel wird mit mittelstarken Steckdrähten zu kleinen Sträußen gebündelt, eventuell müssen Sie einige Stiele kürzen. Verteilen Sie die Lavendelsträuße gleichmäßig, dann schlingen Sie die Hopfenranken locker um den Kranz. Dabei dürfen ruhig einige Ranken herabhängen. Haarnadelförmig gebogene Haken aus Draht halten die Ranken fest. Zum Schluss befestigen Sie eine Drahtschlaufe zum Aufhängen des Kranzes.

Der interessante Kontrast von Hopfen und Lavendel macht diesen Kranz so attraktiv: die Strenge der geraden Lavendelstiele wird durch die weich geschlungenen Ranken gemildert.

Duftende Wäsche

Das Gefühl frisch gewaschener und gebügelter Wäsche ist mit nichts zu vergleichen. Und noch schöner ist es, wenn die Wäsche rein und sauber duftet. Es gibt viele Wege, Ihren Laken, Kissenbezügen, Tischdecken und Handtüchern einen würzigen Duft zu verleihen. Nelkenpomander, Lavendelsträuße und kleine Beutel voll duftender Kräuter und Gewürze sorgen für Wohlgerüche in Ihrem Wäscheschrank.

LAVENDELSÄCKCHEN

Lavendelsäckchen gehören noch heute zu meinen Favoriten – vielleicht auch, weil sie so einfach herzustellen sind. Sie erinnern an schöne Kindheitstage, als ich mit meiner Großmutter die duftenden Blüten sammelte und trocknete, aus denen sie dann die Säckchen nähte.

Im Mittelalter wurde Lavendel vorwiegend als Gewürz für die Küche verwendet. In heutigen Rezepten kommt es nur noch selten vor – ich habe allerdings schon öfter Lavendeleis gegessen – und es schmeckte sehr gut. Heute wird Lavendel hauptsächlich für die Parfümherstellung gebraucht. Der markante Duft ist bekannt für seine beruhigende und aufbauende Wirkung. Früher schoben sich die Menschen bei der Lavendelernte ein Sträußchen Blüten unter das Hutband, um damit Kopfschmerz fernzuhalten. Wegen seines intensiven Duftes ist Lavendel das Kraut zum Beduften von Wäsche. Es gibt heute viele verschiedene Züchtungen, von denen ich Lavandula angustifolia „Hidcote" bevorzuge. Mit seinen dunkelvioletten Blüten hat er einen besonders reichen Duft. Für die Lavendelsäckchen können Blüten, Blätter und Stiele verwendet werden.

Das zartblaue Vichykaro mit dem passenden Seidenband sieht schlicht und frisch aus – es passt perfekt zum Lavendel. Ich habe solche Säckchen gern im Wäscheschrank zwischen Laken und Taschentüchern. In der Schreibtischschublade geben sie ihren feinen Duft an das Briefpapier ab.

SO WIRD ES GEMACHT

Sie brauchen für jeden Beutel ein Stück Stoff. Ich habe Vichykaro aus Baumwolle in den Maßen 15 cm x 23 cm zugeschnitten, die Nahtzugabe ist in diesen Maßen bereits enthalten; Nadel, Garn und Schere; 1,5 m schmales Seidenband passend zum Stoff; eine Glas- oder Keramikschüssel sowie einen Löffel oder einen Trichter mit weiter Öffnung zum Füllen der Beutel.

Damit die Säckchen prallvoll werden, können Sie die Lavendelblüten mit einer Hand voll Hafergrütze vermischen.

1 Legen Sie den Stoff der Länge nach rechts auf rechts und stecken Sie die Kanten aufeinander. Dann werden die Längsseiten und eine Schmalseite zugenäht, die zweite Schmalseite bleibt offen. Diese wird 3 cm breit nach außen umgeschlagen und gebügelt. Die Nadeln entfernen und den Beutel wenden.

2 Schneiden Sie den getrockneten Lavendel mit einer scharfen Schere direkt über der Schüssel in kleine Stücke. Mischen Sie dann die Hafergrütze sorgfältig darunter. Füllen Sie die Mischung in die Beutel. Dann werden sie mit einem Gummiband fest verschlossen und mit einer Schleife verziert.

KRÄUTER
für vier bis sechs Beutel:
85 g getrockneten Lavendel

DUFTBÜNDEL

Diese originell geformten Lavendelbündel sind im Handumdrehen gebunden. Sie halten sich über lange Zeit frisch und konservieren so die Erinnerung an warme Sommertage.

Diese Lavendelsträußchen sind etwas ganz Besonderes. Man kann sie nämlich nur aus ganz frisch geerntetem Lavendel binden. Die Stiele müssen noch im vollen Saft stehen, damit sie sich in der Mitte biegen lassen, ohne zu brechen. Die Lavendelernte im Garten meiner Großmutter war ein wichtiges Ritual in meiner Kindheit. Eines Tages fragte eine Nachbarin, was wir mit all dem Lavendel vorhätten. Ich erklärte, dass wir ihn trocknen und in kleine Stoffbeutel füllen wollten. Da zeigte sie mir diese einfache und sogar schönere Art, dieses englischste aller Kräuter zu verarbeiten. Die Stiele werden einfach umgebogen und umschließen dann die Blüten. Die Nachbarin flocht noch schmale Seidenbänder so durch die dickeren Stiele, dass die trockenen Blüten später nicht herausrieseln konnten. Die getrockneten Blüten mit dem würzigen Sommerduft werden einfach zwischen die Wäsche gelegt.

Ich habe diese Idee der Nachbarin übernommen, nur die Seidenbänder weggelassen. Sie mögen praktisch sein, aber ich finde, die Bündel sehen so natürlicher und schöner aus. Außerdem spart man auf diese Weise viel Zeit.

KRÄUTER
12 bis 18 Stiele Lavendel für jedes Bündel

Lavendel
(Lavandula angustifolia)

Diese Lavendelbündel sehen so hübsch aus, dass es fast schade ist, sie in Schränken und Schubladen zu verstecken. Stellen Sie ruhig ein paar zur Schau, zum Beispiel in einem Korb auf einem Stapel Servietten oder auf einem Deckchen im Regal. So verbreiten die dekorativen Bündel ihren Duft im Raum und auf der Tischwäsche.

So wird es gemacht

Außer dem Lavendel brauchen Sie nur Zwirn oder Bindfaden. Weil die Stiele für die Bündel wirklich ganz frisch sein müssen, sollten Sie Lavendel aus dem eigenen Garten pflücken. Schon von einer kleinen Pflanze können Sie jeden Sommer aufs Neue genügend Stiele für einige Bündel ernten.

Am besten schneiden Sie den Lavendel, sobald der Morgentau getrocknet ist. Legen Sie die Stiele bis zur Verarbeitung in einen flachen Korb. Um diese Tageszeit sind sie besonders saftig und geschmeidig. Später am Tag, vor allem bei Sonnenschein, ist ein guter Teil des Wassergehaltes verdunstet.

Wenn Ihnen der einfache Bindfaden, den ich zum Zusammenbinden verwendet habe, zu rustikal ist, können Sie natürlich auch Seidenbänder oder Spitzenreste verwenden. Vielleicht wollen Sie auch mehrere Bündel zusammenbinden und an die Wand hängen?

1 Sortieren Sie den Lavendel. Halten Sie etwa 12 bis 18 Lavendelstiele so in der Hand, dass die Blüten auf gleicher Höhe liegen.

3 Biegen Sie anschließend einen Stiel nach dem anderen über die Blüten zurück. Halten Sie die umgeklappten Stiele mit dem Daumen fest.

4 Kontrollieren Sie, ob die Abstände zwischen den Stielen gleichmäßig ausgefallen sind. Die Blüten sollen möglichst fest von den Stielen umschlossen sein.

2 Mit einem Stück Zwirn oder Bindfaden werden die Stiele direkt unter den Blüten fest abgebunden. Es ist wichtig, dass die Stiele an dieser Stelle wirklich gut zusammengehalten werden, weil sie das Kopfstück des fertigen Bündels sind.

5 Knoten Sie ein zweites Stück Bindfaden dicht unterhalb der Blüten fest um die Stiele. Zum Schluss werden die überstehenden Stielenden auf gleiche Länge geschnitten. Dann legen Sie die Bündel zum Trocknen an einen warmen Platz.

Zitronengras-Bündel mit Rosmarin

Die Zeit der Lavendelernte ist nur kurz. Wenn Sie den Zeitpunkt verpasst haben, können Sie auf ganz ähnliche Weise Bündel aus Zitronengras und Rosmarin herstellen. Der Duft erinnert an die Kräutermischungen, mit denen in der katalanischen Küche Suppen und Ragouts gewürzt werden.

Sie brauchen nur einen dicken Stängel Zitronengras und etwas frischen oder getrockneten Rosmarin. Schlitzen Sie das Gras der Länge nach auf. Dann schieben Sie einen oder zwei kleine Zweige Rosmarin hinein. Binden Sie die beiden Hälften des Zitronengrases mit Zwirn, Knopflochgarn oder farbigem Stickgarn zusammen. Ehe Sie die Bündel in den Schrank legen, sollten sie an einem warmen Ort trocknen.

Bündel aus Zitronengras und Rosmarin geben einen kräftigen Duft ab. Legen Sie sie in eine Schublade zwischen Schals oder Taschentücher. Auch als kleines Angebinde zu einem textilen Geschenk eignen sie sich gut.

NELKENPOMANDER

Ich liebe traditionelle Nelkenpomander, weil sie so einfach herzustellen sind und dabei so schön aussehen. Es gibt keinen Platz im Haus, an den ihr würziger Duft und ihre interessante Struktur nicht passt.

Pomander sind Klassiker aus elisabethanischen Zeiten, und sie gehören zu meinen persönlichen Favoriten. Sie werden ganz und gar aus natürlichen Zutaten hergestellt, die man meist ohnehin in Hause hat. Traditionell verwendete man Orangen. Ich finde aber, dass Zitronen, Mandarinen, Äpfel, Birnen und sogar Bananen reizvoll aussehen. Arrangieren Sie doch einmal mehrere getrocknete Früchte in einer Schüssel. Als kleines Geschenk bieten sich Pomander besonders zur Adventszeit an, weil der Duft der Orangen und Gewürznelken an Glühwein erinnert.

Ich mache schon seit Jahren Pomander und habe noch nie ein Trocknungsmittel benutzt, wie es in manchen Rezepten empfohlen wird. Die Früchte trocknen meist problemlos von allein. Meiner Meinung nach können weitere Zusätze den authentischen Duft der nelkenbesteckten Frucht nur beeinträchtigen.

Das Einstecken der Nelken ist bei einigen Früchten etwas schwierig, manche werden leicht klebrig. Verwenden Sie nur einwandfreie Früchte! Äpfel und Birnen sollten unreif und möglichst hart sein. Zitronen und große Orangen sind besonders heikel zu verarbeiten, weil die Schale oft sehr dick ist. Ideal sind Mandarinen. Sie haben eine weichere Schale, und da sie meist recht klein sind, ist die Arbeit flink geschafft. Es ist wichtig, dass Obst-Pomander innerhalb von 24 Stunden fertiggestellt werden, denn einige Früchte können durch das Bestecken mit Nelken weich und zerdrückt werden.

Man kann einen Teil der Frucht mit Klebeband abdecken. Um diesen Streifen wird später ein dekoratives Band gebunden. Ich finde es jedoch schöner, eine schlichte Kordel zwischen den Nelken durchzuziehen und den fertigen Pomander daran aufzuhängen.

Früher legte man Pomander zwischen die Wäsche, um Motten und andere Insekten fern zu halten und um den muffigen Geruch zu vertreiben, der damals in den ungeheizten, schlecht gelüfteten Häusern herrschte. Noch heute benutzt man Pomander zum Vertreiben von Motten, aber man hängt sie auch einfach als duftenden Schmuck in den Raum.

SO WIRD ES GEMACHT

Sie brauchen reichlich Gewürznelken und eine Frucht Ihrer Wahl. Für dieses Beispiel wurden fünf Mandarinen verarbeitet. Teilen Sie die Oberfläche der Frucht zuerst durch Linien von eingesteckten Nelken in Viertel ein. Zwischen zwei Nelken sollten jeweils 0,5 cm große Lücken bleiben. Es bleibt Ihnen überlassen, ob Sie die ganze Oberfläche bestecken oder ein Muster aus Nelken bilden. Beim Trocknen schrumpft jede Frucht, die Nelken rücken näher zusammen. Behalten Sie die Pomander während des Trocknens im Auge. Am besten legen Sie sie auf eine Fensterbank über der Heizung. Tägliches Wenden ist wichtig, damit die Pomander gleichmäßig trocknen. Es ist normal, wenn die Früchte anfangs sehr weich werden. Wenn Sie mehrere Pomander in einer Papiertüte trocknen wollen, dürfen die Früchte einander nicht berühren. Nach einer oder zwei Wochen sind die Pomander fertig.

GEWÜRZE

12 g Gewürznelken für einen kleinen Pomander

Gewürznelken
(Syzygium aromaticum)

1 Verarbeiten Sie nur einwandfreie Früchte und wählen Sie solche aus, die eine ebenmäßige Form haben. Zum Stecken nehmen Sie Gewürznelken mit einem stabilen, langen Schaft.

2 Vierteln Sie zunächst die Oberfläche der Frucht mit Linien aus Nelken, die Sie bis an den Kopf durch die Schale stecken. Ist diese dick und hart, helfen Sie sich mit einer Stopfnadel.

3 Die fertig besteckte Frucht legen Sie in eine braune Papiertüte und lassen sie an einem warmen, dunklen Ort trocknen. Vergessen Sie nicht, den Pomander täglich zu wenden.

Pomander geben der Tischwäsche einen angenehm würzigen Duft. Außerdem halten sie lästige Insekten aus dem Esszimmer fern.

MOTTENSCHUTZ

Die ätherischen Öle, die in vielen duftenden Kräutern und Gewürzen enthalten sind, wirken auf Motten und andere Insekten abschreckend. Diese kleinen Beutel geben Ihrer Kleidung einen frischen Duft und schützen sie zugleich vor Motten.

Im Mittelalter zogen die Hausfrauen im Garten spezielle Kräuter, mit denen sie die Kleidung vor Motten schützten. So nennt in Frankreich der Volksmund die Eberraute garderobe, was wörtlich übersetzt „Kleiderschutz“ bedeutet.

Obwohl diese kleinen Beutel eigentlich dazu dienen, Motten und anderes Ungeziefer aus dem Kleiderschrank fern zu halten, verströmen sie auch einen angenehmen Duft. Aromatische Kräuter wie Rosmarin, Eberraute, Thymian und Minze harmonieren gut mit dem würzigen Aroma von Zimt und Gewürznelken. Diese Beutel sind meist im Kleiderschrank versteckt und haben so mehr praktischen als dekorativen Nutzen. Sie können also ruhig preiswerte Stoffreste verarbeiten. Locker gewebte Baumwollstoffe oder Leinen lassen Luft zwischen den Kräutern zirkulieren, der Duft kann besser nach außen dringen. Die Beutel werden mit einer einfachen Kordel oder einer dekorativen Schleife zugebunden.

Hängen Sie die Beutel an Ihre Kleiderbügel! Von Zeit zu Zeit sollten Sie sie zusammendrücken, um das Aroma neu zu beleben. Die Kräutermischung bleibt etwa ein Jahr lang wirksam, dann sollte sie erneuert werden.

So wird es gemacht

Sie brauchen für jeden Beutel ein Stück Stoff, Nadel, Faden, Schere und ein Stück Band zum Zubinden.

Ich habe gestreiften Baumwollstoff in dem Maßen 25 cm x 22 cm verwendet, die Nahtzugaben sind bereits inbegriffen.

Kräuter und Gewürze

für 4 bis 6 Beutel:
55 g getrockneten Rosmarin
55 g getrocknete Eberraute
55 g getrockneten Thymian
55 g getrocknete Minze
15 g ganze Gewürznelken
2 Zimtstangen, grob zerstoßen

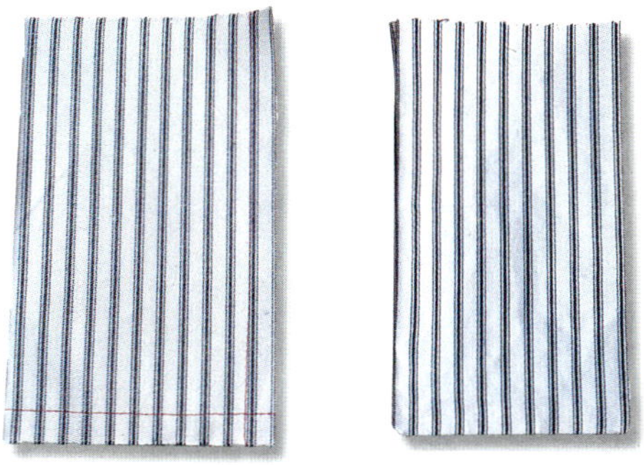

1 Falten Sie das Stück Stoff der Länge nach zur Hälfte, die rechte Stoffseite liegt innen. Stecken und steppen Sie dann eine Längs- und eine Schmalseite zusammen. Wenden Sie den Beutel und drücken Sie die Ecken mit dem stumpfen Ende eines Bleistiftes heraus. Der obere Rand wird sauber gesäumt oder mit einer Zackenschere beschnitten. Dann bügeln Sie den Beutel.

2 Mischen Sie Kräuter und Gewürze in einer Schüssel, dabei zerreiben Sie die gröberen Kräuter zwischen den Händen. Füllen Sie die Mischung in die Beutel. Binden Sie eine Schleife um die Beutel und befestigen Sie eine Schlaufe zum Aufhängen am Kleiderbügel.

getrockneter Rosmarin
(Rosmarinus officinalis)

getrocknete Eberraute
(Artemisia abrotanum)

getrockneter Thymian
(Thymus vulgaris)

getrocknete Minze
(Mentha spicata)

Zimtstangen
(Cinnamomum verum)

Gewürznelken
(Syzygium aromaticum)

MÄNNERDUFT HEMDSÄRMELIG

Männerdüfte erfreuen sich immer größerer Beliebtheit – doch nicht jeder Mann freut sich über Rüschenbeutel voll Rosen und Lavendel in seinem Kleiderschrank. Hier präsentiere ich eine Mischung, die für männlich-frischen Duft in Herrenkleidern sorgt.

Diese Duftbeutel passen als Beigabe, wenn Sie ein Hemd oder eine Krawatte verschenken. Sie könnten auch ein Paar davon überreichen – als witzige Verpackung für Manschettenknöpfe. Wenn Sie gut mit der Nähmaschine umgehen können, nähen sie solche Ärmel aus Resten von Hemdenstoff selbst. Liegen Ihre Talente auf anderem Gebiet, verarbeiten Sie einfach die Ärmel von alten, ausgemusterten Hemden.

Die Kräutermischung kann in jede Art von Beuteln oder Säckchen gefüllt, in den Schrank gehängt oder in Schubladen gelegt werden. Bringen Sie Abwechslung ins Spiel, indem Sie immer neue Düfte ausprobieren. Wie wäre es mit Salbei und Hopfen, dazu Rosmarin und Thymian, die mit ihrem herben Duft die leicht einschläfernde Wirkung des Hopfens ausgleichen.

Erfrischend ist eine Mischung aus Minze, Sternanis, Majoran und Zitronengras. Etwas Hafergrütze sorgt für ausreichende Fülle. Angenehm frisch riecht auch die Kombination von Lorbeerblättern und getrockneter Zitronenschale. Dieser Duft ist besonders zart, er hinterlässt gewiss keine aufdringliche Note in den Kleidern.

Wenn Sie keinen Mann kennen, den Sie mit so einem Geschenk erfreuen können, verwenden Sie doch einen Blusenärmel oder ein Spitzentaschentuch für eine gute Freundin. Wem die frischen Mischungen zu herb sein sollten, der kann aus Blättern und Blüten von Duftpelargonien, Rosenblüten, Lavendel und Zitronenmelisse einen femininen Duft komponieren.

Diese schicken gestreiften Hemdsärmel haben es eigentlich nicht verdient, in einer Schublade versteckt zu werden. Legen Sie sie zur Dekoration ins Ankleidezimmer oder hängen sie zwischen Hemden und Krawatten im Schrank auf und freuen Sie sich am würzigen Duft.

KRÄUTER UND GEWÜRZE

Für etwa 4 Hemdsärmel mischen Sie in einer Glas- oder Porzellanschüssel:

30 g getrockneten Thymian
30 g getrocknete Zitronenmelisse
30 g getrocknete Lavendelblüten
30 g Macisblüte
4 getrocknete Lorbeerblätter, zerrieben

getrockneter Thymian
(Thymus vulgaris)

getrocknete Lavendelblüten
(Lavandula angustifolia)

getrocknete Lorbeerblätter
(Laurus nobilis)

getrocknete Zitronenmelisse
(Melissa officinalis)

Macisblüte
Myristica fragrans

So wird es gemacht

Außer den Kräutern und Gewürzen brauchen Sie: Hemdsärmel mit Manschetten, Schere, Nadel und Faden. Selbst alte Hemden mit durchgewetztem Kragen können hierfür gut verwertet werden. Nachdem die Ärmel abgeschnitten sind, kann der Rest noch als Malkittel für ein Kind dienen.

Damit die Beutel keine Beulen bekommen, müssen die Kräuter sehr fein und gleichmäßig geschnitten oder zerrieben werden. Das ideale Werkzeug dafür ist ein Mörser. Aber auch ein Wellholz tut gute Dienste: Füllen Sie die Kräuter in eine Plastiktüte, drehen Sie sie zu und rollen Sie kräftig mit dem Wellholz darüber. Wenn die Mischung zum Füllen der Ärmel nicht ausreicht, strecken Sie sie mit etwas Hafergrütze.

Wenn das Hemd keinen Knopf an der Manschette hat, ist ein schöner Manschettenknopf als Verschluss des Beutels besonders stilvoll. Sie können aber auch einen Kräuterzweig durch die Knopflöcher schieben.

1 Schneiden Sie einen intakten Hemdsärmel etwa 45 cm oberhalb der zugeknöpften Manschette ab. Steppen Sie die Schnittkante zu, so dass ein Beutel entsteht.

3 Steppen Sie nun knapp über dem Schlitz den Ärmel zu. So sind die Kräuter sicher zwischen den Nähten eingeschlossen.

4 Wenden Sie den Ärmel wieder nach rechts. Jetzt ist er viel kürzer.

2 Knöpfen Sie die Manschette auf und krempeln Sie die rechte Seite nach innen um. Dann werden die Kräuter bis etwa 2,5 cm oberhalb des Ärmelschlitzes eingefüllt. Füllen Sie den Ärmel nicht zu prall!

5 Nun die Nähte vorsichtig bügeln. Zum Schluss die Manschette zuknöpfen oder einen Manschettenknopf einsetzen.

Duft-Socken

Wenn Sie einem Freund ein augenzwinkerndes Geschenk machen möchten, wie wäre es mit einem Paar funkelnagelneuer Socken, gefüllt mit einer duftenden Kräutermischung? Nicht umsonst bekommen gerade Socken in Bezug auf ihren Geruch meist schlechte Kritiken. Ich habe hier eine Mischung aus Zitronengras, Thymian, Rosmarin und Gewürznelken verarbeitet.

Kaufen Sie Socken in einer kleinen Größe und zeichnen Sie die Kontur auf ein Stück feste Pappe. Schneiden Sie die Pappformen aus und schieben in jeden Socken ein Pappstück, ohne das Gewebe zu dehnen. Die Pappe hält die Socken in Form, so dass sie nach dem Einfüllen der Kräuter nicht wie Säcke aussehen. Drehen Sie aus Papier eine unten offene Tüte und füllen Sie durch diese die Kräuter in die Socken. Nicht zu prall füllen, sonst geht die Form verloren.

Ein Socken aus Baumwolle wurde mit Kräutern gefüllt und mit einer Kordel zugebunden. Binden Sie noch einen Lorbeerzweig oder den Stiel eines anderen Duftkrautes fest, ehe Sie das gute Stück dem Mann (oder der Frau) Ihres Herzens schenken. Im Schrank oder in einer Schublade sorgen Kräutersocken lange für frischen Duft.

KRÄUTERKISSEN

Die beruhigende und schlaffördernde Wirkung von Kräuterkissen ist seit Jahrhunderten bekannt. Dieses zarte Kissen duftet nicht nur herrlich, es sieht mit seiner Füllung aus farbenprächtigen Kräutern, die durch den Stoff schimmern, auch wunderschön aus.

Im Mittelalter mischte man duftende Kräuter und Gräser unter das Stroh, mit dem die Matratzen ausgestopft wurden. So sollten sie länger einen frischen Duft behalten. Besonders das echte Labkraut (Galium verum) wurde häufig für diesen Zweck verwendet. Im 14. Jahrhundert ließ König Karl VI. von Frankreich ein mit Daunen und Lavendel gefülltes Kissen auf seinen Lieblingssessel legen. 400 Jahre später sagte man König Georg III. von England nach, er könne ohne sein Kissen mit Hopfenfüllung nicht einschlafen.

Organza, feiner Baumwoll-Linon (z. B. von alten Taschentüchern) oder Organdy eignen sich gut für die zarten Kissen. Da der Stoff transparent ist, sollten Sie unbedingt duftende Kräuter in attraktiven Farbtönen verwenden.

SO WIRD ES GEMACHT

Sie brauchen ein Stück feinen Stoff, z.B. Organza oder Linon in den Maßen 60 cm x 85 cm; Nadel und Faden; einen Löffel zum Füllen des Kissens.

Mischen Sie, mit Ausnahme der Lorbeerblätter, die separat verarbeitet werden, alle Zutaten gründlich. Sie können die Kräutermischung beliebig zusammenstellen. Wichtig ist nur, dass einige Sorten mit stabileren Blättern wie Lorbeer und Rosenblüten dabei sind.

Wenn Sie die innere Kontur des Kissens steppen, denken Sie daran, parallel zur Öffnung der Außenkante ein Stück Naht offen zu lassen, durch das die Kräuter eingefüllt werden. Eine besonders beruhigende Wirkung haben Lavendel, Bergamotte, Kamille und Geranium.

KRÄUTER UND BLÜTEN

Für ein Kissen:
je 2 Teelöffel Rosen-Blütenblätter in Rot, Rosa und Gelb
6 Rosenstiele
6 getrocknete Rosenknospen
10 Lorbeerblätter

1 Halbieren Sie das Stück Stoff und stecken Sie die Teile rechts auf rechts kantenbündig zusammen. Steppen Sie an zwei Längs- und einer Schmalseite mit Zickzackstichen entlang. Die vierte Seite wird nur zu zwei Dritteln zugesteppt. Durch die Öffnung füllen Sie später die Kräuter ein.

2 Wenden Sie die Kissenhülle. Schieben Sie die Lorbeerblätter entlang der Kante hinein und steppen Sie knapp neben ihnen entlang. Lassen Sie einen Schlitz parallel zu dem in der Außennaht offen.

3 Füllen Sie nun die Kräuter und Blüten in die Hülle. Dabei sollen keine Blättchen in den äußeren Streifen gelangen. Zum Schluss werden die Öffnungen mit Stecknadeln geschlossen und mit großen Stichen zugenäht. So können Sie sie leicht auftrennen, um den Inhalt des Kissens zu erneuern.

Duftend begrüßt das hübsche Kräuterkissen auf dem Gästebett den Besuch. Die intensiven Farben der getrockneten Blüten schimmern sanft durch zarten Organza.

Aromatische Geschenke

Das Schöne an diesen kleinen Geschenken ist, dass man sie nirgends kaufen kann. Außerdem sind die meisten von ihnen preiswert, Sie können also Freunde und Familie großzügig bedenken. Kräuter bieten sich für luxuriöse Kleinigkeiten wie duftende Seife, aromatischen Badezusatz, erfrischende Blütenwässer und parfümierte Tinte an – sie eignen sich auch gut für originelle Verpackungen. Ganz gleich zu welchem Anlass: ein duftendes Geschenk kommt immer an.

Seife zum Aufhängen

Schöne Seifen, individuell und ungewöhnlich parfümiert, sind ganz persönliche, originelle Geschenke.

Zu Zeiten, als man noch mit Fingern aß, wurden zum Abschluss einer Mahlzeit Schüsseln mit heißem Wasser und ein Stück Seife gereicht, mit dem man sich die Hände waschen konnte. Dieser Brauch hatte sich aus den Rosen- und Kräuterwässern entwickelt, die in noch früherer Zeit zu reichen Tafeln gehörten.

In Indien sah ich, wie Töpfe und Pfannen mit einer Mischung aus Holzasche und Wasser gereinigt wurden. Diese Lauge wurde auch bei uns im Mittelalter verwendet. Man kochte sie mit geschmolzenem Talg auf und erhielt nach dem Abkühlen eine frühe Form von Seife. Bald setzte man duftende Kräuter und Öle zu, um die Mischung zu parfümieren. Nach dem Erhärten wurden rundliche Stücke geformt, gelegentlich wurde die Mischung auch in Formen gegossen. Die fertigen Stücke legte man in die Sonne und wendete sie jeden Tag, bis sie ganz getrocknet waren.

Für die folgenden Rezepte brauchen Sie weder Holzasche noch Talg, es ist eine ganz saubere Sache. Ich verwende meist einfache, unparfümierte Seife. Sie können auch farbige Seife benutzen, vielleicht in einem Ton, der zu den gewählten Kräutern passt. Mit einigen Tropfen Lebensmittelfarbe lässt sich Seife problemlos einfärben. Wenn Sie einen besonders intensiven Duft wünschen, geben Sie einige Tropfen (nicht mehr!) ätherischen Öls dazu. Dadurch lässt sich die Seife leichter formen, allerdings können ätherische Öle bei empfindlichen Menschen Hautreizungen verursachen.

KRÄUTER

1 Teelöffel getrockneter Rosmarin, sehr fein zerrieben

getrockneter Rosmarin
(Rosmarinus officinalis)

Hier hängt eine ganze Sammlung von Kräuterseifen an Sisalschnüren zum Trocknen. Außer dem Rosmarin wurde feine Hafergrütze untergeknetet, dadurch bekommt die Seife einen leichten Peeling-Effekt.

So wird es gemacht

Für eine Seifenkugel brauchen Sie ein Stück unparfümierter Seife; Küchenreibe aus Metall; Glasschüssel; Teelöffel; Holzkochlöffel; 50 cm dünne Sisalschnur; einen Teelöffel feine Hafergrütze (bei Bedarf); eine kleine Menge getrockneter Kräuter, die sehr fein zerkleinert sein müssen.

Durch den Zusatz von feiner Hafergrütze bekommt die Seife einen leichten Peeling-Effekt, der besonders fettiger Haut und Mischhaut gut bekommt. Wenn die Mischung durch die Zugabe von Hafergrütze zu krümelig wird und sich schlecht formen lässt, fügen Sie teelöffelweise heißes Wasser hinzu.

1 Zerkleinern Sie die Seife mit Hilfe einer groben Küchenreibe, die Sie über eine Glasschüssel legen. Dann zerreiben Sie den Rosmarin in ganz feine Partikel. Ein Teelöffel voll reicht für ein Stück Seife aus.

2 Fügen Sie die Kräuter und bei Bedarf einen Teelöffel voll Hafergrütze zu den Seifenspänen. Geben Sie dann 2 bis 3 Tropfen ätherisches Öl (ich habe Lavendelöl verwendet) und einen Teelöffel voll heißes Wasser zu der Mischung.

3 Kneten Sie mit den Händen Seifenspäne, Hafergrütze und Kräuter gründlich durch. Durch das heiße Wasser wird die Mischung etwas geschmeidiger. Ist sie so krümelig, dass sie sich nicht zur Kugel formen lässt, geben Sie teelöffelweise mehr Wasser hinzu. Vorsicht: nicht zu viel Wasser untermischen, sonst erhalten Sie einen klebrigen Brei, der zu weich zum Formen ist.

4 Wenn die Seifenmischung gut durchgeknetet ist, formen Sie mit den Händen eine Kugel daraus. Soll sie an eine Schnur gehängt werden, schieben Sie den Stiel eines Holzkochlöffels durch die Seife. Nun muss die Kugel einige Tage lang trocknen, dabei wird sie gelegentlich gedreht. Nach drei bis vier Tagen kann der Kochlöffelstiel vorsichtig herausgezogen werden. Jetzt wird die Schnur durchgezogen und an einem Ende verknotet.

Transparente Kräuterseife

In jedem dieser kleinen, transparenten Seifenstücke, die wie Eis oder Edelsteine glänzen, ist ein Gewürz eingeschlossen wie ein Insekt in einem Stück Bernstein. Sie können alle möglichen Behältnisse als Gießformen verwenden – es macht Spaß, mit den verschiedenen Möglichkeiten zu experimentieren. Ich habe für diese Seifen kleine Back- und Puddingförmchen sowie eine Eiswürfelform benutzt. Unparfümierte transparente Glyzerinseife wird in Apotheken, Drogerien und Naturwarenläden angeboten.

Hier sind verschiedene Kräuter und Gewürze in transparenter Glyzerinseife eingeschlossen. Die kleinen Stücke Lavendel- und Gewürznelkenseife wurden in muschelförmigen Eiswürfelschalen gegossen, für die größeren Stücke mit Zimtstangen, Lavendel und Lorbeerblättern wurden Puddingformen verwendet. Diese Seifen sehen zum Anbeißen appetitlich aus.

1 Streichen Sie die Form mit Pflanzenöl ein. Erhitzen Sie dann die Seife im Wasserbad. Wenn sie geschmolzen ist, fügen Sie einige Tropfen ätherisches Öl hinzu und füllen die Form bis zur Hälfte. Erstarren lassen.

2 Legen Sie ein Lorbeerblatt auf die erstarrte Seife und gießen Sie die Form mit flüssiger Seife auf. Vorher umrühren, damit sich keine Haut bildet. Völlig auskühlen lassen und aus der Form lösen.

BADEKRÄUTER

Ein Säckchen mit Badekräutern ist eine willkommene Abwechslung zum altbekannten Badesalz. Die Kräutersäckchen werden einfach ins heiße Badewasser gehängt und entfalten dann ihren feinen Duft – eine Überraschung für Gäste oder für den Partner nach einem langen Arbeitstag.

Für Badesäckchen gibt es eigentlich kein Rezept, Sie können sie ganz nach Geschmack zusammenstellen. Einen Vorschlag finden Sie in Ben Jonsons Drama Volpone (3. Akt, 2. Szene). Es ist eine fantastische Rezeptur mit mystischen Anklängen – für meinen Geschmack allerdings ein wenig zu extravagant.

Dein Bad sei aus dem Saft der Juliblüten,
dem Geist von Rosen und von Veilchen auch,
des Einhorns Milch, dazu des Panthers Atem,
in Tuch gehüllt, in kretischem Wein gelöst.

Für die Badesäckchen sollten Sie doppelt gelegtes Käseleinen oder einfachen Musselin verwenden, jeder andere Stoff wäre unpraktisch. Wenn Sie den Stoff mit einem Band zubinden, achten Sie darauf, dass es farbecht ist. Ich bevorzuge naturfarbene Baumwollkordel.

Für ein erholsames, duftendes Bad brauchen Sie ein Kräutersäckchen nur einige Minuten lang in das heiße Wasser zu hängen, ehe Sie hineinsteigen. Wenn sich der Duft im Wasser ausgebreitet hat, hängen Sie das Säckchen einfach über den Wasserhahn und lassen es bis zum nächsten Bad trocknen. Jedes Säckchen kann mindestens drei- bis viermal benutzt werden.

Bewahren Sie die Kräutersäckchen in einer schönen Schale im Bad auf. Das ist praktisch und sieht zugleich sehr dekorativ aus.

SO WIRD ES GEMACHT

Diesmal müssen Sie keinen einzigen Stich nähen. Für jedes Säckchen brauchen Sie ein quadratisches Stück Musselin oder eine doppelte Lage Käseleinen mit 33 cm Kantenlänge sowie ein 28 cm langes Stück Kordel, Bindfaden oder farbechtes Band. Als Dekoration könnten Sie eine durchbohrte Muschel auf die Kordel fädeln. Die Kräuter für die Füllung fein zerkleinern, damit sie nicht den Stoff durchstechen. Für mehr Fülle können Sie eine Hand voll Hafergrütze zugeben. Mischen Sie alle Zutaten gründlich durch.

KRÄUTER UND GEWÜRZE

Für etwa sechs Säckchen:
55 g getrocknete Lavendelblüten
30 g getrocknete Zitronenschale in Stücken
4 getrocknete Lorbeerblätter, zerrieben
4 getrocknete Rosmarinzweige, zerstoßen
30 g getrocknetes Zitronengras, fein geschnitten

1 Mischen Sie die Kräuter gründlich in einer Schüssel. Dann geben Sie eine Hand voll Kräutermischung in die Mitte des Quadrates aus Musselin oder doppelt liegendem Käseleinen. Entfernen Sie alle Stücke, die den Stoff durchstechen könnten.

2 Heben Sie alle vier Zipfel an und binden Sie das Säckchen mit einer Schnur zusammen. Binden Sie einen Doppelknoten und eine Schlinge zum Aufhängen. Wenn Sie mögen, können Sie eine Muschel als Verzierung auffädeln. Dann die Schnur fest verknoten.

getrocknete Lavendelblüten *(Lavandula angustifolia)*

getrocknete Zitronenschale *(Citrus limon)*

getrockneter Rosmarin *(Rosmarinus officinalis)*

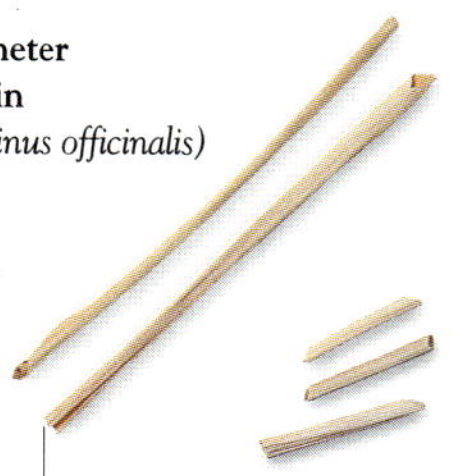

getrocknetes Zitronengras *(Cymbopogon citratus)*

getrocknete Lorbeerblätter *(Laurus nobilis)*

Blütenwasser

Blütenwasser duftet herrlich nach aromatischen Kräutern und bunten Blumen und sieht, in edle Flakons abgefüllt, auch wunderschön aus.

Im Mittelalter war es in begüterten Haushalten Brauch, sich nach dem Essen die Hände in Rosenwasser zu waschen. Besteck war damals noch nicht üblich, Diener brachten zum Ende der Mahlzeit Fingerschalen mit duftendem Wasser an den Tisch – was durchaus praktische Gründe hatte. Mit Blütenwasser, vor allem mit Rosenblüten, wurden auch wichtige Familienmitglieder und Gäste zur Begrüßung besprenkelt. Im Viktorianischen Zeitalter pflegten die Damen sich mit Rosenwasser das Gesicht zu erfrischen. Die ätherischen Öle haben eine wohltuende Wirkung und einen zarten Duft, viel feiner als die meisten der modernen synthetischen Parfüms.

Erfrischende Blütenwässer sind auch heute ein sehr persönliches Geschenk, vor allem, wenn sie in schöne Glasflakons gefüllt werden. Sie eignen sich auch als Badezusatz, dann allerdings sollten Sie einige Tropfen ätherischen Öls zugeben, um den Duft zu intensivieren. Ich verwende in meinen Rezepten meist frische Kräuter. Getrocknete Kräuter eignen sich ebenso gut, sie haben jedoch einen konzentrierteren Duft.

KRÄUTER

3 Zweige Rosmarin
3 Rosen
2 Stiele Prachtscharte
4 Kornblumen
6 Nelken

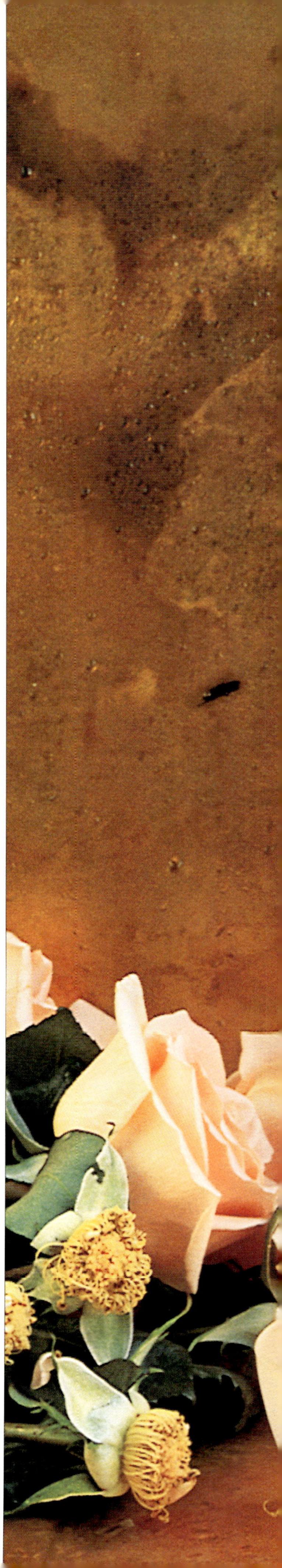

Blütenwasser in edlen Flaschen fängt die süßen Düfte des Sommers ein. Solche schlanken Flakons sehen im Bad oder in der Küche dekorativ aus.

So wird es gemacht

Außer den Blüten und Kräutern brauchen Sie einen großen Glaskrug, Schaschlikspieße aus Holz, 35 ml geruchlosen Alkohol (z.B. Wodka), 150 ml destilliertes Wasser, Messbecher, dekorative Flakons, Lebensmittelfarbe (nach Wunsch).

Destilliertes Wasser ist am günstigsten, weil es keine Verunreinigungen enthält. Für den Auszug sollten Sie geruchlosen Alkohol verwenden, der den Duft der Kräuter nicht verändert. Der preiswerteste Wodka ist gerade recht. Wenn Sie keine frischen Kräuter zur Hand haben, können Sie getrocknete verwenden. Da sie später weggeworfen werden, kommt es auf die Optik nicht an.

Ehe Sie beginnen, müssen alle Gefäße und Geräte penibel gereinigt werden. Der kleinste Schmutzrest kann Bakterienwachstum begünstigen, und Sie erhalten womöglich eine übelriechenden Brühe statt eines duftenden Blütenwassers.

1 Sterilisieren Sie einen großen Glaskrug mit weiter Öffnung. Messen Sie 35 ml geruchlosen Alkohol ab und mischen Sie ihn mit 70 ml destilliertem Wasser. Dann die Kräuter und Blüten zugeben.

3 Gießen Sie die Mischung gefiltert in eine sterilisierte Flasche und fügen Sie 70 ml destilliertes Wasser hinzu. Ein paar Tropfen Lebensmittelfarbe zugeben.

4 Wenn Sie möchten, können Sie das Blütenwasser mit einem frischen Zweig dekorieren. Rosmarin oder Duftblatt-Pelargonien eignen sich, da sie im Wasser nicht zu schnell unansehnlich werden.

2 Tauchen Sie die Blüten von Rosen, Prachtscharte, Kornblumen und Nelken mit Hilfe eines sauberen Schaschlikspießes in der Flüssigkeit unter. Dann muss die Mischung etwa 5 Tage an einem dunklen, kühlen Platz ziehen.

5 Wischen Sie den Flaschenhals mit einem sauberen, trockenen Tuch ab und verschließen Sie den Flakon. Ein Korken ist ideal, der lässt Gase durch, die sich in der Flasche bilden können.

Ingwer-Lavendelwasser

Einen feinen Raumduft erhalten Sie, wenn Sie etwas Blütenwasser in eine Schale gießen und einen Schuss heißes Wasser zufügen. Ich verwende hierfür gern Ingwer-Lavendelwasser, weil beide Düfte recht intensiv sind. Für diese Mischung brauchen Sie 70 ml Wodka, 150 ml destilliertes Wasser, eine Hand voll getrockneter Lavendelblüten und zwei Scheiben frische Ingwerwurzel. Lavendel und Ingwer werden mit 70 ml Wasser zum Alkohol gegeben, dann muss die Mischung 3 Tage ruhen. Nach dem Abfiltern werfen Sie die Kräuter weg. Nun geben Sie die restlichen 75 ml Wasser und bei Bedarf einige Tropfen bernsteingelbe Lebensmittelfarbe zu. Füllen Sie das Duftwasser mit einem Zweig Lavendel in einen Flakon. Wenn Sie noch 6 Tropfen Lavendelöl hinzufügen, erhalten Sie einen duftenden und entspannenden Badezusatz.

Schlichte Glasschalen, mit Ingwer-Lavendelwasser gefüllt und Rosenblüten garniert, stehen im Kerzenlicht in der Nähe eines offenen Fensters. Ihr zarter Duft erfüllt den ganzen Raum.

KRÄUTERTINTE

Diese romantische Idee stammt aus vergangenen Zeiten, als man mit duftender Tinte blumige Briefe an einen besonders lieben Menschen schrieb. Verschenken Sie doch einmal solche Tinte zusammen mit einem edlen Federhalter oder schönem Briefpapier.

Zu den traurigsten Begleiterscheinungen unseres Computerzeitalters gehört die Tatsache, dass die Kultur der handgeschriebenen Briefe auf dem Weg des Aussterbens ist. Fax, E-mail und Telefon machen uns den Kontakt mit den Menschen einfach, denen wir früher vielleicht Briefe geschrieben hätten. Man kann sich kaum mehr vorstellen, dass eine Einladung zum Essen mit der Hand geschrieben, transportiert und beantwortet wurde – und das alles an dem Tag, an dem das Essen stattfinden sollte.

Duftende Tinte gab es schon im Mittelalter, sie hatte ihre Hochblüte aber im viktorianischen England. Damals gehörte sie ebenso auf den Sekretär einer kultivierten Dame wie parfümiertes Briefpapier und Umschläge. Für die romantische Korrespondenz mit Freunden und vor allem für Liebesbriefe verwendete man gerne die „Blumensprache", in der jede Blume ihre ganz spezielle symbolische Bedeutung hatte. Und so war schon die Auswahl des Duftes eine Botschaft. Lavendel beispielsweise stand für Stille und wurde für Briefe verwendet, die Geheimnisse enthielten. Minze symbolisierte Weisheit – ideal, um einem Freund einen Rat zu geben. Rosmarin bedeutete Erinnerung und war der richtige Duft auch für Kondolenzbriefe. Basilikum und Rosen symbolisierten Liebe, Stiefmütterchen wurden mit Liebe und Liebeswerbung assoziiert.

Viele Kräuter eignen sich für die Essenzen, die einer Tinte zugesetzt werden. Günstiger dafür sind getrocknete Kräuter, weil ihr Duft konzentrierter ist. Sie brauchen keine besonders schönen Pflanzen auszusuchen, selbst struppige Stiele und zerknitterte Blätter können zum Auskochen verwendet werden.

KRÄUTER

15 Zweige Lavendel

15 Zweige Rosmarin

SO WIRD ES GEMACHT

Die Kräuter müssen in einem Topf aus Emaille oder Glas ausgekocht werden. Andere Materialien können den Geruch verändern. Da der Topf eventuell den Geschmack der Kräuter annehmen kann, sollten Sie ihn später nicht für andere Zwecke verwenden – sonst schmeckt die Suppe womöglich nach Lavendel.

Außer dem Topf und den Kräutern brauchen Sie ein feines Teesieb, eine Schale aus Glas oder Keramik und Tinte in der gewünschten Farbe.

Wenn Sie einen romantischen Duft aus Rosen und Zitronengras komponieren, darf die Farbe der Tinte ruhig mit ihm harmonieren. Wie wäre es mit Rosa oder Violett?

1 Legen Sie die Kräuter in den Topf und geben Sie gut ¼ Liter Wasser dazu. Stellen Sie den Topf auf eine heiße Herdplatte und lassen Sie die Mischung kochen, bis sich die Flüssigkeitsmenge etwa halbiert hat.

2 Lassen Sie den Sud abkühlen. Gießen Sie ihn durch ein Teesieb in eine kleine Schüssel. Dann geben Sie den gefilterten Sud zurück in den Topf und kochen ihn weiter ein, bis noch etwa ein Teelöffel voll Flüssigkeit übrig bleibt.

3 Wenn der konzentrierte Sud abgekühlt ist, geben Sie ihn zur Tinte. Das Mischungsverhältnis soll etwa drei Teile Tinte und ein Teil Sud betragen. Das Tintenglas zuschrauben und vorsichtig schütteln.

Was kann romantischer sein als einen Liebesbrief zu öffnen, der nach Rosmarin und Lavendel duftet? Vielleicht regt die duftende Tinte auch einen blumenreichen, romantischen Briefstil an. Wenn Sie solche Tinte verschenken wollen, passt dazu ein schöner Füllhalter oder feines Briefpapier, zusammengebunden mit einer Seidenschleife, in der ein kleines Bund Lavendel steckt.

Kräutersträusschen zum Essen

Das Sträußchen hat eine flach gebundene Rückseite und ist darum perfekt geeignet für die Küchenwand. Dort sind die Kräuter zum Kochen auch gleich zur Hand: alle hier verwendeten Sorten sind essbar.

Für solche Sträußchen eignen sich viele Kräuter – frisch oder getrocknet – weil es gerade auf die Vielfalt der Farben und Strukturen ankommt. Alle verwendeten Kräuter sind essbar, man kann damit, einzeln oder in verschiedenen Kombinationen, viele verschiedene Gerichte würzen. Natürlich können Sie das Sträußchen auch einfach als duftende Dekoration aufhängen.

Wenn Sie Kräuter im eigenen Garten ziehen, werden Sie im Hochsommer mehr ernten als Sie verwerten können. Falls Sie nicht alle trocknen möchten, sind solche Sträußchen ideale Geschenke, vor allem für Hobbyköche, die keinen eigenen Küchengarten besitzen. Bestimmen Sie die Größe des Straußes ganz nach ihren Kräutervorräten. Damit das kulinarische Sträußchen an der Wand hängen kann, wird die Rückseite flach gebunden.

So wird es gemacht

Neben den Kräutern brauchen Sie eine scharfe Schere oder ein Messer, Bindedraht oder Bindfaden.

Fangen Sie mit dem stabilsten Zweig, z. B. Rosmarin, als Basis des Straußes an. Die Schnur wird an dem ersten Zweig befestigt, dann werden alle übrigen Stiele mit der Schnur festgebunden. Fügen Sie nach und nach die weiteren Kräuter hinzu, am besten in kleinen Bündeln. Jedes Bündel wird mit einer oder zwei Schnurwicklungen fixiert.

Sehr feine Kräuter – wie Schnittlauch – müssen in größeren Bündeln eingearbeitet werden, sonst kommen sie zwischen den gröberen Kräutern nicht zur Geltung. Binden Sie die zarteren Kräuter zwischen stabilere, um ihnen zusätzlichen Schutz zu geben.

KRÄUTER
Je 20 Zweige Rosmarin, Petersilie, Lorbeer, Schnittlauch und Salbei

1 Ehe Sie anfangen, säubern Sie alle Kräuter gründlich. Beschädigte Blätter abzupfen, Seitentriebe im unteren Bereich entfernen, damit ein Stück Stiel zum Binden frei bleibt.

Der Kräuterstrauß ist mit Bindfaden gebunden: ein einfaches und doch ungewöhnliches Geschenk. Als Umhüllung passt braunes Packpapier am besten, weil es die verschiedenen Grüntöne gut zur Geltung bringt.

2 Befestigen Sie ein Stück Schnur an einem Stiel Rosmarin. Legen Sie ein Sträußchen Petersilie darauf und umwickeln es mit der Schnur.

3 Fügen Sie einige Lorbeerzweige hinzu und die restlichen Stiele Petersilie, Salbei und Schnittlauch über Kreuz aufgebunden, um die rundliche Form zu erhalten.

SCHÖNE SCHACHTELN

Zum Verschenken von duftenden Kleinigkeiten wie Kräuterseife, Potpourri oder Badesäckchen sind schön dekorierte Schachteln ideal. Natürlich können Sie auch andere Dinge darin verpacken – sogar leer sind solche Schachteln ein originelles Präsent.

Gute Papierhandlungen bieten eine Vielzahl von Schachteln in allen Größen und Formen an, da findet sich für jedes Geschenk die richtige Umhüllung. Außerdem sind Schachteln gerade für solche Geschenke praktisch, die sich wegen ihrer unregelmäßigen Form nur schwer in Papier wickeln lassen. Indem Sie eine einfache, fertig gekaufte Schachtel mit ein paar Kräutern garnieren, verwandeln Sie sie im Handumdrehen in eine kleine Kostbarkeit.

Je schlichter die Schachtel, umso besser: die Kräuter kommen auf einem neutralen Hintergrund am besten zur Geltung. Sie können die Kräuter mit der Heißklebepistole an der Schachtel befestigen (siehe Techniken, Seite 100), Sie können auch Draht oder Schnur verwenden. Selbst Wolle oder Stickgarn kann hinreißend aussehen.

Fertige Schachteln sind nicht billig. Viele Alltagsdinge werden in Kartons verkauft, z. B. Schuhe. Mit einem schönen Papier beklebt, lassen sich auch solche Schachteln in edle Geschenkverpackungen verwandeln.

KRÄUTER
1 kleines und 2 große Lorbeerblätter

Eine Schleife aus frischen Lorbeerblättern ziert den Deckel einer einfachen Pappschachtel. So kann ein Potpourri oder eine andere duftende Kleinigkeit stilvoll überreicht werden.

So wird es gemacht

Außer den drei Lorbeerblättern brauchen Sie eine Heißklebepistole und eine Schachtel Ihrer Wahl. Verwenden Sie frische Blätter, die biegsamer sind als trockene. Wenn Sie keine Lorbeerblätter haben, können Sie anderes Kräuterlaub verwenden, das sich gut trocknen lässt, z.B. Salbei.

Als Variation können Sie die Lorbeerblätter auch flach in einem Muster auf die Schachtel kleben – auf den Deckel ebenso wie auf die Seiten. Eine runde Schachtel könnte mit einem umlaufenden Band aus Lorbeerblättern beklebt werden. Auch Blüten eignen sich zur Dekoration von Schachteln. Wichtig ist dabei, dass sie flach sind und beim Trocknen nicht zerfallen.

1 Suchen Sie für Ihre Dekoration zwei makellose Lorbeerblätter von etwa 7 cm Länge und ein etwas kleineres aus.

2 Setzen Sie auf den Stielansatz eines der beiden großen Blätter einen Tropfen Kleber. Dann biegen Sie das Blatt zur Hälfte um und drücken obere und untere Spitze zusammen.

3 Das zweite große Blatt wird genauso vorbereitet, danach kleben Sie die Spitzen der beiden umgebogenen Blätter zusammen.

4 Schneiden Sie das kleinere Blatt gegebenenfalls zurecht. Dann legen Sie es so um die Ansatzstelle der beiden größeren Blätter, dass diese verdeckt ist. Zum Schluss wird die Lorbeerschleife auf die Schachtel geklebt.

Schachtel mit Sträußchen

Reizend sieht auch ein kleines Sträußchen aus, das mit Bast oder Bindfaden auf einer Schachtel befestigt wird. Hier habe ich frische Färberdistel und Goldrute verarbeitet, weil diese beiden Sorten nicht verschrumpeln, wenn sie langsam auf der Schachtel trocknen. Mit einem Stück Sisalschnur ist das Sträußchen sicher auf dem Deckel fixiert. Sehr schön sehen auch Lavendel mit Rosmarin oder eine einzelne Päonienblüte aus. Wenn Sie gern experimentieren: Probieren Sie es einmal mit Eukalyptus, Kugeldisteln oder Stranddisteln.

So ein kleines Sträußchen ist ganz einfach herzustellen, aber es verwandelt eine schlichte Pappschachtel im Nu in ein sehr persönliches Geschenk für jemanden, den Sie besonders gern mögen.

1 Für dieses kleine Sträußchen verwenden Sie je etwa 3 Stiele Färberdistel und Goldrute. Legen Sie die Stiele zum Binden über Kreuz.

2 Die Blumen werden fest mit einem Draht zusammengebunden, dann werden sie mit einem Stück Schnur an der Schachtel fixiert.

Techniken

Wenn Sie mit Kräutern arbeiten wollen, sollten Sie einige Grundtechniken beherrschen. In diesem Kapitel erfahren Sie alles Wissenswerte über die Ernte von frischen Blumen und Kräutern und über die richtige Lagerung. Sie lernen auch, wie man Blüten richtig drahtet und wie man duftende Geschenke mit einer schönen Verpackung perfekt in Szene setzt.

Ehe Sie beginnen

Für alle Beispiele in diesem Buch brauchen Sie nur wenige spezielle Materialien und Werkzeuge. Mit etwas Fantasie lassen sich allerlei Haushaltsutensilien zweckentfremden. Ein paar Dinge sollten Sie sich für die Arbeit mit Kräutern aber zulegen. Eine scharfe Schere ist das wichtigste Werkzeug, am besten leisten Sie sich eine professionelle Floristenschere. Bei guter Pflege hält sie ein Leben lang. Auch auf Blumendraht von der Rolle sowie Steckdrähte können Sie nicht verzichten. Bewahren Sie Ihre Utensilien ordentlich in einem alten Werkzeugkasten oder in einer Schublade auf. Blumendraht kann rosten, wenn er feucht wird. Wenn Sie sich an aufwändigere Projekte wagen, werden Sie auch mehr Werkzeuge brauchen. Ich stelle Ihnen hier alle Dinge vor, die ich regelmäßig benutze.

Grundausstattung

Die hier abgebildeten Utensilien reichen als Grundausstattung völlig aus – und sie kosten kein Vermögen. Eine Heißklebepistole ist eine lohnende Anschaffung. Man kann damit den Klebstoff sauber und punktgenau anbringen. Was Sie vor allem brauchen sind reichlich Kräuter und Gewürze Ihrer Wahl.

Heißkleber verarbeiten

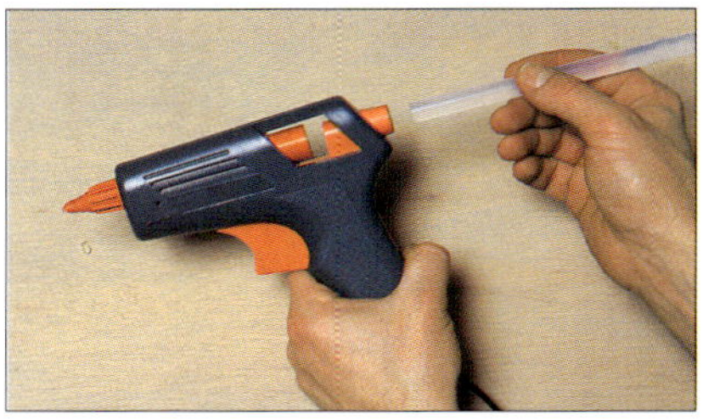

1 Hier wird ein fester, leicht elastischer Klebestab von hinten in die Pistole geschoben.

2 Das Kabel wird eingesteckt, dadurch wird der Kleber erhitzt. Durch Druck auf den „Abzug“ wird Kleber abgegeben.

DRAHTEN

Das Drahten von frischen und getrockneten Pflanzen ist nicht einfach, es braucht etwas Übung. Ich kann mich noch gut erinnern, wie unbeholfen ich mich bei meinen ersten Versuchen angestellt habe. Wenn man dann die Technik einmal beherrscht, kann man alle Arten von Kräutern und Gewürzen und sogar Früchte leicht andrahten. Der häufigste Fehler besteht darin, den falschen Draht zu benutzen – entweder zu fein oder zu dick. Fertig zugeschnittene Steckdrähte werden in verschiedenen Längen und Stärken angeboten. Für die meisten Vorschläge in diesem Buch eignen sich mittelstarke Drähte recht gut. Für sehr zarte Stiele sollten Sie feine Drähte verwenden, für robustere Stiele dickere. In guten Bastelgeschäften und im Floristenbedarf finden Sie ein großes Sortiment.

DICKE STIELE DRAHTEN

Kräuter mit kräftigen Stielen drahten Sie am besten einzeln. Im allgemeinen ist mittelstarker Draht gut geeignet, nur für sehr starre, holzige Stiele sollten Sie dickeren Draht verwenden. Die stärksten Drähte werden nur für sehr große Gebinde verarbeitet, die frei stehen oder gut an der Wand hängen sollen. Ein Draht lässt sich leichter durch einen holzigen Stiel schieben, wenn er schräg abgekniffen wird. Halten Sie den Stiel so dicht wie möglich an der Durchstichstelle fest, damit er nicht abknickt. Achten Sie auch darauf, den Draht mittig durch den Stiel zu stecken (siehe rechts).

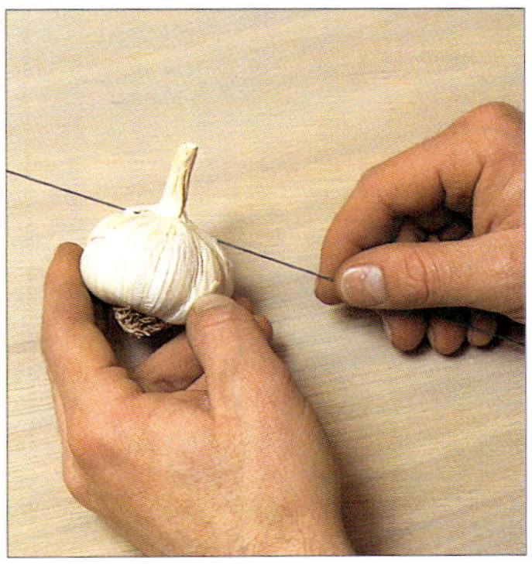

1 Schieben Sie einen Steckdraht durch den Stiel einer Knoblauchknolle.

2 Biegen Sie beide Enden haarnadelförmig um und winden Sie dabei ein Ende um das andere. Dann die Drähte verdrillen.

STRÄUSSCHEN DRAHTEN

Das Gewicht der Kräuter oder Blüten bestimmt die Stärke des Drahtes, den Sie zum Binden verwenden. Generell sollten Sie alle Pflanzen drahten, ehe Sie mit dem Stecken oder Binden beginnen.

1 Nehmen Sie kleine Sträuße und schneiden Sie die Stiele auf gleiche Länge. Biegen Sie einen 30 cm langen Draht wie eine Haarnadel und legen ihn auf der Mitte um die Stiele.

2 Winden Sie nun ein Ende des Drahtes mehrmals um die Stiele und dann um das andere Drahtende. Anschließend die Drahtenden gut verdrillen.

BLÄTTER DRAHTEN

Feste, fleischige Blätter wie z.B. vom Lorbeer eignen sich gut, um größere Flächen zu bedecken. Mit einer Stecknadel oder einem kurzen Stück Draht lassen sie sich leicht befestigen. Biegen Sie den Draht zu einer „Haarnadel" und stechen Sie beide Enden rechts und links der Hauptader durch das Blatt.

Sammeln & Trocknen

Auch das Ernten und Trocknen der Kräuter ist eine kleine Kunst, bei der es vor allem auf den richtigen Zeitpunkt ankommt. Blumen in der Vase können langsam trocknen und dabei attraktiv bleiben. Wenn sich Kräuter lange halten sollen, müssen sie genau zur rechten Zeit geerntet werden. Im idealen Fall schneiden Sie Kräuter 24 Stunden ehe sie den Höhepunkt ihrer Blüte erreichen. Nach dem Schneiden werden sie weiter aufblühen, weil in ihren Stielen noch Saft enthalten ist.

Sie können die Kräuter auch früher schneiden und in einen Eimer voll Wasser stellen. Sobald die Blüten beginnen, sich völlig zu öffnen, nehmen Sie die Kräuter heraus. Ideal ist natürlich ein eigener Kräutergarten. Dort können Sie am besten beobachten, wie sich die Kräuter entwickeln. So erkennen Sie auch am leichtesten den richtigen Zeitpunkt für den Schnitt. Wer seinen Vorrat beim Gemüsehändler oder auf dem Markt deckt, läuft Gefahr, dass die Pflanzen zu früh geschnitten wurden. Dann bleiben nach dem Trocknen leider oft nur unansehnliche braune Blüten zurück, die bestenfalls in einem Potpourri versteckt werden können.

Das Trocknen von Kräutern ist ganz einfach, es braucht nur etwas Sorgfalt. Hängen Sie die Stiele möglichst gleich nach der Ernte zum Trocknen auf, dann bleiben Farben und Form am besten erhalten. Hauptsächlich kommt es auf Erfahrung an. Sie werden mit der Zeit herausfinden, welche Kräuter wie lange am Trockengestell hängen müssen.

BLÜTEN ERNTEN
Diese Sommerblumen wurden zum Trocknen und Konservieren frisch aus dem Garten geholt (links). Blumen sammelt man am besten an trockenen Tagen in der Mittagszeit, wenn der Morgentau verdunstet ist. Um Beschädigungen zu vermeiden, sollte man sie bis zum Aufhängen locker nebeneinander liegend in großen Körben lagern.

KRÄUTERTÖPFE
Selbst auf der Küchenfensterbank können Sie sich einen Kräutervorrat zum Trocknen ziehen. Gehen Sie behutsam mit den Pflanzen um und pflücken Sie nur unversehrte Blätter.

Luftgetrocknete Kräuter

Der einfachste Weg, Kräuter und Blumen zu trocknen, besteht darin, sie an einem dunklen, warmen Ort aufzuhängen. Ein alter Schrank, in dem die Luft gut zirkulieren kann, eignet sich gut. Die Kräuter müssen etwa eine Woche hängen, bis sich die Blätter ganz trocken und spröde anfühlen. Bleibt Restfeuchtigkeit in den Pflanzen zurück, können sie während der Lagerung weich werden oder schimmeln.

1 Streifen Sie von den Stielen (das Foto zeigt frischen Lerchensporn) die untersten Blätter ab. Binden Sie die Stiele dann mit einem Gummiband zusammen. Das Gummiband muss sehr fest sitzen, weil die Stiele beim Trocknen schrumpfen.

2 Biegen Sie einen Steckdraht zu einem S-förmigen Haken. Ein Ende haken Sie hinter das Gummiband, mit dem anderen hängen Sie den Strauß an eine Stange oder ein Regalbrett, bis die Pflanzen getrocknet sind.

TROCKENZEIT

Ein Lattenrost von einem alten Lagerregal für Obst wird, an Haken aufgehängt, zu einem guten Trockengestell. Wenn Sie mehrere Kräuter und Blumen gleichzeitig trocknen, hängen Sie sie nach Sorten geordnet auf. Auch beim Einlagern sollten Sie die einzelnen Sorten getrennt halten. Dicke Stiele und große Blüten werden nicht gebündelt, sondern einzeln zum Trocknen aufgehängt. Das Foto zeigt von links nach rechts Stranddistel (Eryngium maritimum), Sonnenblume (Helianthus annuus), violetten und weißen Lerchensporn (Consolida ajacis) und Eukalyptus (Eucalyptus gunnii).

Trocknen mit Silicagel

Blumen und Kräuter, deren Blüten aus vielen kleinen und zarten Blättchen bestehen, können beim Trocknen an der Luft völlig verschrumpeln. Man kann sie aber gut in Silicagel-Kristallen trocknen. Sie sehen aus wie feiner Streuzucker und absorbieren Feuchtigkeit gut. Zarte Blüten oder Kräuter werden in die Kristalle eingebettet und mehrere Tage lang in einem luftdicht schließenden Gefäß aufbewahrt. Die Kristalle sind nicht preiswert, aber man kann sie im Backofen langsam trocknen und immer wieder verwenden. Wenn sie mit Feuchtigkeit gesättigt sind, verfärben sie sich blau. Nach dem Trocknen werden sie wieder weiß.

1 Schütten Sie Silicagel-Kristalle in ein luftdicht schließendes Gefäß. Die Blüte (hier eine Päonie) kommt mit dem Gesicht nach unten auf die Kristalle.

2 Füllen Sie dann vorsichtig weitere Kristalle zwischen die Blütenblätter und um die Blüte herum ein, bis sie ganz bedeckt ist.

3 Lassen Sie die Blüte mindestens drei Tage in dem Silicagel liegen. Schütten Sie dann vorsichtig die oberste Schicht Kristalle ab, bis die Blüte frei liegt. Heben Sie die Blüte mit der Hand oder mit einer Pinzette heraus. Ist sie noch nicht völlig ausgetrocknet, wiederholen Sie den Trocknungsvorgang.

4 Mit einem weichen Haarpinsel werden die restlichen Kristalle von der Blüte entfernt. Tips zur Aufbewahrung finden Sie auf der nächsten Seite.

Trocknen in der Mikrowelle

Im Mikrowellenherd kann man Blüten in 1 bis 2 Minuten trocknen, auch wenn dies etwas unkonventionell scheinen mag. Der Vorteil ist, dass die Farben der Blüten sich kaum verändern, darum eignet sich diese Methode vor allem für bunte Blüten. Allerdings können die Blütenblätter schrumpfen, weil ihnen die Feuchtigkeit schnell und radikal entzogen wird. Auch Kräuter lassen sich in der Mikrowelle trocknen, jedoch kann ihr medizinischer Nutzen darunter leiden.

Andere Trocknungstechniken

Die einfachste Art, Blütenblätter für ein Potpourri zu trocken, besteht darin, sie auf einem Stück Zeitungspapier auf eine sonnige Fensterbank zu legen und mehrmals täglich zu wenden. Auch ganze Blüten und Kräutersträußchen können so getrocknet werden, etwa Schnittlauch, Salbei und Curryblumen. Für diese Technik eignen sich am besten zarte Pflanzen. Kräuter mit holzigen Stielen sollten Sie zum Trocknen aufhängen.

KRÄUTER LAGERN

Verkennen Sie nicht die Bedeutung der richtigen Lagerung von Kräutern und Blüten. Wenn Sie Fehler machen, können Ihre kostbaren Vorräte feucht werden und schimmeln. Blüten und Kräuter, die Sie zur Dekoration verwenden wollen, verpacken Sie am besten in Pappkartons. Potpourri-Zutaten sollten grundsätzlich in luftdicht schließenden Gefäßen verwahrt werden. Kartons mit Trockenblumen und Kräuter brauchen einen dunklen, trockenen Platz mit guter Luftzirkulation. Zur besseren Übersicht sollten Sie die Schachteln beschriften.

Glasgefäße zeigen Ihnen auf einen Blick, welche Vorräte zur Neige gehen. Die Kräuter dürfen aber nicht direktem Sonnenlicht ausgesetzt sein, weil sonst die Farben verblassen und der Duft verfliegt.

KRÄUTERVORRAT

Weithalsige Apothekerflaschen mit eingeschliffenen Glasstopfen sind ideal zum Lagern von Potpourris oder Gewürzen. In den umgefalteten Papiertüten, die mit Wäscheklammern verschlossen sind, verbergen sich Samenkapseln, Tannenzapfen und Pomander.

KRÄUTER IN SCHACHTELN MIT SEIDENPAPIER

Einfache Pappschachteln, zum Beispiel Schuhkartons, mit geraden Seitenwänden und einem Deckel, sind ideal zum Aufbewahren von Kräutern. Eine Reihe von Kartons der gleichen Größe lässt sich leicht verstauen und sieht, mit beschrifteten Etiketten versehen, auch hübsch aus. Packen Sie nicht zu viele Pflanzen in eine Schachtel, sonst werden die Blüten und Blätter leicht zerdrückt.

AUSLEGEN MIT SEIDENPAPIER

Das Geheimnis der Lagerung in Schachteln besteht darin, die Kräuter auf Seidenpapier zu legen. Auch zwischen die einzelnen Schichten wird Seidenpapier gelegt. Packen Sie in jede Schachtel nur eine Sorte Kräuter, damit sich die Düfte nicht mischen.

DER LETZTE SCHLIFF

Das schönste Kräutergebinde kommt nicht recht zur Geltung, wenn die Präsentation nicht stimmt. Hier finden Sie einige Vorschläge und Anregungen, wie Sie ein Kräutergeschenk dekorativ verzieren können, dazu einige nützliche Techniken, die Sie immer wieder brauchen. Es lohnt sich durchaus, schöne Schleifen binden zu lernen. Ein Blumen- oder Kräuterstrauß sieht gleich viel schöner aus, wenn er mit einem breiten Seiden- oder Kreppband und einer üppigen Schleife garniert ist. Sackleinen ist ein sehr schlichtes Material, dessen rustikaler Stil gut zu getrockneten Kräutern passt. Außer dicken Schleifen (siehe gegenüber) können Sie daraus auch einen Schwalbenschwanz für einen Wandbehang (S. 43 bis 44) arbeiten. Dazu binden Sie einen Schlauch aus Sackleinen in der Mitte mit einem Draht ab, um den ein zweites Stück Leinen gewickelt wird; es wird mit einem haarnadelförmigen Draht oder Heißkleber befestigt.

SCHLEIFE AUS BAND

Diese Schleife, die ein Blumen- oder Kräutersträußchen zieren könnte, wird aus einem langen Stück Band geschlungen, aus anderem Material als das, das die Stiele zusammenhält, und separat gebunden.

Wenn alle Schlaufen gelegt und fixiert sind, wird die Schleife mit einem Stück Band oder einem Draht befestigt. Der Vorteil ist, dass die Schleife abgenommen und noch einmal verwendet werden kann.

1 Nehmen Sie ein Stück Band von etwa 50 cm Länge in einer Breite, die zu den Proportionen des Straußes passt. An einem Ende bleiben etwa 12 cm glatt hängen, das restliche Band wird zu Schlingen gelegt.

2 Insgesamt sollen vier Schlingen entstehen, zwei auf jeder Seite. Das restliche Stück Band hängt, wie auch das Stück vom Anfang, locker herab.

3 Umwickeln Sie die Mitte der Schleife mit einem Stück Bindedraht, um die Schlingen festzuhalten. Dann zupfen Sie die Schleife zurecht.

4 Schneiden Sie ein weiteres Stück Band von 30 cm Länge zu. Dies wird so um die Mitte der Schleife gebunden, dass der Draht verdeckt ist. Auch hier entstehen zwei locker herabhängende Enden.

5 Die fertige Schleife wird mit den überstehenden Drahtenden am Sträußchen befestigt. Wenn Sie den Draht weglassen, können Sie auch andere Geschenke so dekorieren.

Schleife aus Sackleinen

Statt des Sackleinens können Sie beispielsweise auch einen Stoff, der zur Einrichtung des Zimmers passt, verarbeiten. Die Größe der Schleife kann beliebig variiert werden, Sie müssen nur den Stoff entsprechend zuschneiden. Hier ist es ein Quadrat von 30 x 30 cm.

1 Den Stoff passend zuschneiden. Seiten und Enden zur Mitte falten.

2 Raffen Sie den Stoff quer zur oben liegenden Öffnung in der Mitte zusammen und binden Sie ihn mit einem Steckdraht ab. Die Drahtenden werden auf der Rückseite der Schleife fest miteinander verdrillt.

3 Zupfen Sie die Seiten der Schleife zurecht, damit sie schön bauschig aussehen.

4 Schneiden Sie einen schmalen Stoffstreifen, schlagen Sie die Schnittkanten nach innen. Knoten Sie ihn über den Draht in der Mitte der Schleife.

5 Nun muss die fertige Schleife nur noch an einer Girlande oder einem Wandbehang befestigt werden.

Flaschenhälse – einmal anders

Badeöle und Blütenwässer kommen als Geschenk noch viel besser an, wenn sie originell dekoriert werden. Kramen Sie in Ihren Resten und lassen Sie Ihrer Fantasie freien Lauf. Sie werden über die Resultate staunen.

1 Hier ziert ein Blatt von einer Duftblatt-Pelargonie den Korken einer Flasche mit dem passenden Blütenwasser.

2 Der Blattstiel wird einfach mit einem schlichten Bindfaden am Korken festgebunden.

FANTASIEVOLLE FLASCHEN

Hier steht die Flasche mit dem Pelargonienblatt neben einem Flakon, geschmückt mit Lavendel und getrockneter Orange.

Kleines Kräuterlexikon

Kräuter sind duftende Pflanzen, deren Blätter, Stiele, Blüten, Samen oder Wurzeln frisch oder getrocknet zum Würzen von Speisen oder für medizinische Zwecke verwendet werden. Gewürze werden in der Küche und in der Heilkunde benutzt, ihr intensiveres Aroma wird aus getrockneten Teilen – Samen, Blüten, Blätter, Rinde oder Wurzeln – meist tropischer Pflanzen gewonnen. Kräuter und Gewürze eignen sich gut für Dekorationen. Das folgende Kapitel stellt einige von ihnen vor.

Dekorative Kräuter

Auf den nächsten Seiten finden Sie eine Auswahl der schönsten dekorativen Kräuter, alphabetisch nach botanischen Namen geordnet. Hier erfahren Sie Näheres über Charakteristika und Verwendung der Pflanzen. Die Gewürze folgen auf Seite 122 und 123.

Achillea millefolium

Schafgarbe

Eine robuste, 30 bis 90 cm hohe Pflanze, die sich durch Wurzelausläufer stark ausbreitet. Schafgarbe kann schnell große Flächen bedecken. In Blüte ist sie sehr dekorativ. An den schlanken, festen Stielen sitzen unscheinbare, gefiederte Blätter. Die Blütenstände bestehen aus vielen winzigen Einzelblüten in Weiß, Rosa oder Violett. Zum Trocknen eignen sich vor allem die rosa Blüten, weil sie ihre Farbe behalten, während die weißen leicht braun und unansehnlich werden. Gut für Kräuterpomander und Trockengestecke.

Alchemilla mollis

Frauenmantel

Diese beliebte, 15 bis 50 cm hohe Pflanze erinnert an englische Landhausgärten, wo sie die Ränder von Beeten und Wegen umspielt. Ihren Namen trägt sie wegen der großen gebogten grünen Blätter. Büschel der winzigen, gelbgrünen Blüten sehen in frischen und trockenen Gebinden sehr hübsch aus. Die Blätter eignen sich gut für Potpourris, Blätter und Blüten können für Girlanden verarbeitet werden. Die Pflanze wird geerntet, wenn die Blüten sich gerade öffnen. Kopfüber hängend an einem warmen, dunklen Ort trocknen.

Allium

Schnittlauch (*A. schoenoprasum*)

Das beliebte Küchenkraut wird 20 bis 30 cm hoch und treibt im Sommer violette Blüten. In Frankreich heißt es petit poireau, „kleiner Porree". Tatsächlich ähnelt die Pflanze in Wuchs und Geschmack ihrem größeren Verwandten. Aus diesem Grund bietet es sich für essbare Gestecke und Dekorationen an. Beim Trocknen schrumpft Schnittlauch, dann sieht er unscheinbar wie Heu aus.

Knoblauch (*A. sativum*)

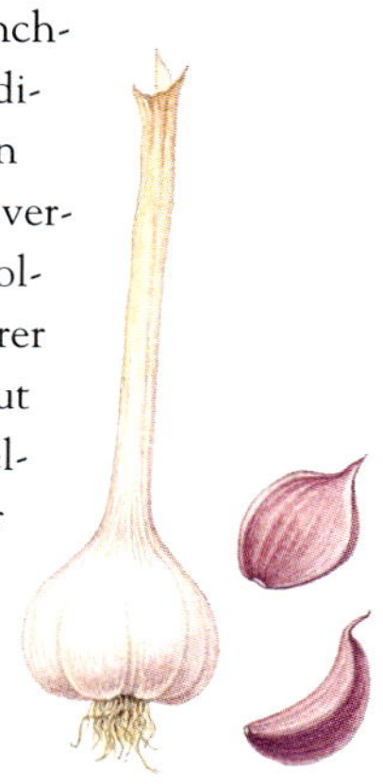

Das 30 bis 45 cm hohe Würzkraut wird seit Jahrtausenden kultiviert und stand immer im Ruf magischer Kräfte. In abgelegenen Teilen Osteuropas legt man manchmal noch heute bei Beerdigungen Knoblauch in den Sarg, um böse Geister zu vertreiben. Die essbaren Knollen eignen sich wegen ihrer ungewöhnlichen Farbe gut als Dekoration. Die einzelnen Zehen sind mit einer hauchdünnen, pergamentartig weißen Haut umgeben, die manchmal rosa Flecken hat. Die Knollen lassen sich sehr gut trocknen, müssen aber in frischem Zustand gedrahtet werden. Ihr Geruch ist sehr intensiv, darum eignen sie sich nur für Küchendekorationen.

Aloysia triphylla

(*Syn. Lippia citriodora*)

Zitronenverbene

Auch Zitronenstrauch genannt, stammt die Pflanze aus Süd- und Mittelamerika und wurde von den Spaniern im späten 18. Jahrhundert nach Europa gebracht. In ihrer Heimat wird sie bis 4 m hoch, in nördlicherem Klima erreicht sie nur knapp die Hälfte. Die Blätter sind sehr haltbar, der Zitronenduft verfliegt erst nach Jahren. Daher eignet sich die Pflanze besonders gut für Potpourris, Badesäckchen oder Duftkissen. Auch ein erfrischender Tee lässt sich aus den Blättern bereiten.

Anethum graveolens

Dill

Die robuste einjährige Pflanze stammt aus Südeuropa, wo sie als Unkraut gilt. Sie kann bis zu 60 cm hoch werden und ähnelt äußerlich dem Fenchel. Die feinen, gefiederten Blätter sind sehr zart. In getrocknetem Zustand sollte man sie nur in Säckchen oder Duftkissen verwenden. Die hohlen Stiele sind stabiler, sie können frisch oder getrocknet zum Einhüllen von Gläsern oder für Korbgirlanden verwendet werden. Frischer Dill eignet sich gut für essbare Tischdekorationen. Die Samenstände lassen sich leicht trocknen, sie sehen in Potpourris, Girlanden und Kränzen attraktiv aus.

ANGELICA ARCHANGELICA

ANGELIKA, ENGELWURZ

Diese Pflanze stammt aus den kühleren Zonen Nordeuropas und -amerikas, wo sie in mehr als 30 verschiedenen Arten vorkommt. Je nach Sorte kann sie 1 bis 2,50 m hoch werden. Blätter, Samen und auch die Wurzeln haben einen aromatischen Duft, der gut in Badesäckchen, Duftkissen und Potpourris passt. Blüten und Samenstände können getrocknet und in dekorativen Gestecken verwendet werden.

ANTHRISCUS CEREFOLIUM

KERBEL

Dieses robuste einjährige Kraut wächst 25 bis 40 cm hoch. Die Blütenstände aus zahllosen winzigen weißen Einzelblüten erscheinen im Frühsommer, die gefiederten Blätter erinnern an glatte Petersilie. Kerbel gedeiht auch im Schatten und lässt sich leicht in Töpfen und Blumenkästen ziehen. Er wächst gut zwischen Minze und Petersilie, mit denen Sie ihn auch in Gestecken kombinieren können. Ein Vorteil ist, dass die Pflanze im Winter ihr Laub behält. Die Blätter lassen sich gut trocknen und behalten lange ihren zarten Anisgeruch.

AQUILEGIA VULGARIS

AKELEI

Diese klassische Bauerngartenblume wird 30 bis 60 cm hoch. Sie blüht vom späten Frühjahr an, die weißen, violetten oder blauen Blüten haben eine originelle Glockenform mit röhrenförmigen, in einer gebogenen Spitze auslaufenden Blütenblättern. Akelei ist eine schöne Schnittblume, die sich für Kränze und Sträuße eignet. Die getrockneten Blüten sehen in einem Potpourri gut aus. Auch die getrockneten Samenkapseln haben eine interessante Form.

ARTEMISIA

EBERRAUTE (*A. abrotanum*)

Zur Gattung Artemisia (Beifuß) gehören zahlreiche aromatische Kräuter, die 60 bis 120 cm hoch werden können. Die Eberraute wächst in Italien und Spanien wild und kommt auch in nördlicheren Gegenden vor, blüht dann aber nur selten. Die zarten graugrünen Blätter sind ein Gewinn für jeden Garten. Der Duft dieser Pflanze ist recht streng. Man sagt, dass früher die Frauen Eberrautenzweige mit in die Kirche nahmen, damit der Geruch sie während der langen Predigt am Einschlafen hinderte. Der Geruch vertreibt auch lästige Insekten, darum wird das Kraut gern für Mottensäckchen verwendet und zwischen die Wäsche gelegt. Nicht umsonst nennt man das Kraut in Frankreich auch „garderobe", wörtlich „Kleiderwächter".

WERMUT (*A. absinthium*)
sieht ähnlich aus und hat einen charakteristischen, wenig blumigen Geruch. Er ist schön in frischen Gestecken und lässt sich auch gut trocknen. Die trockenen Blätter können zerrieben und Potpourris oder herben Duftmischungen zugesetzt werden. In Südeuropa wird das Kraut zum Würzen sowie zum Aromatisieren von Wermut und Absinth verwendet.

ESTRAGON (*A. dracunculus*)
hat schlanke Blätter im gleichen graugrünen Ton wie seine Verwandten, sein Aroma jedoch ist viel zarter. Als Gewürz passt es zu vielen Gerichten, es eignet sich aber auch gut für Tischdekorationen wie Kräutergestecke, Deckchen oder Serviettenringe. Die getrockneten Blätter können für Potpourris und Duftsäckchen verwendet werden. Hängen Sie Bündel von höchstens drei oder vier Stielen auf und sorgen Sie für gute Luftzirkulation. Da der Duft von Estragon sehr zart ist, sollte das getrocknete Kraut in luftdicht schließenden Gefäßen aufbewahrt werden.

ESSBARES TISCHGESTECK

Rosmarin, Petersilie und Dill mit ihren verschiedenen Grüntönen und Blattformen lassen sich zu einem schönen Gesteck arrangieren, das zum Mittelpunkt eines sommerlichen Tisches wird.

BORAGO OFFICINALIS

BORRETSCH

Die Pflanze, 30 bis 75 cm hoch, stammt ursprünglich aus Aleppo in Syrien. Sie hat sich in ganz Europa ausgebreitet und wird sowohl wegen ihrer Blätter als auch wegen der klar blauen, sternförmigen Blüten angepflanzt. Sie lässt sich leicht aus Samen ziehen. Aus Borretschblüten wird ein hervorragender Honig gewonnen. Die haarigen Blätter, deren Geschmack an Gurken erinnert, werden gern als Dekoration für sommerliche Getränke verwendet, mit jungen Blättern und Triebspitzen würzt man Salat. Die essbaren Blüten werden gern kandiert und als Garnierung für Torten und Süßspeisen benutzt. Getrocknet geben sie einem Potpourri einen schönen blauen Akzent.

CALENDULA OFFICINALIS

RINGELBLUME

Ein Topf mit diesen leuchtend gelb und orange blühenden Blumen hebt die Stimmung. Die 30 bis 50 cm hohe Ringelblume stammt aus Südamerika, sie duftet warm und würzig, noch intensiver duften die getrockneten Blüten. Früher verwendete man die Blütenblätter, um Käse eine sattere Farbe zu geben. Auf einer Reise durch den US-Bundesstaat Maryland erfuhr ich, dass man auf den dortigen großen Farmen die Blüten dem Hühnerfutter zusetzt, um appetitliches goldgelbes Hähnchenfleisch zu erhalten. Sehr schön sehen die Blüten aus, wenn sie durch feinen Stoff schimmern, etwa in Badesäckchen, Serviettenringen oder Tablett-Deckchen. Auch als Zutat für Potpourris sind sie attraktiv.

CARTHAMUS TINCTORIUS

FÄRBERDISTEL

Die Färberdistel, 60 bis 90 cm hoch, wird viel in Indien angebaut, wo sie zum Färben und auch als Würzkraut (an Stelle des kostspieligen Safran als Zutat in Currymischungen) Verwendung findet. Ein ganzes Feld voller orange blühender Pflanzen ist ein herrlicher Anblick. Sie sollte geschnitten werden, wenn die Blüten gerade aus den grünen Knospen herausbrechen. Dann in kleinen Bündeln an der Luft trocknen. Färberdisteln sind vielseitig, nicht nur wegen ihrer attraktiven Farbe, Form und Struktur, sondern auch, weil sie sich gut trocknen lassen. Blüten können für Potpourris verwendet werden, kleine gedrahtete Sträußchen sehen sehr schön in Girlanden, Kränzen und Gestecken aus.

CENTAUREA CYANUS

KORNBLUME

Diese Pflanze trägt ihren Namen Chiron zu Ehren, dem legendären Zentauren, von dem das Wissen der Menschen über die Heilwirkung der Kräuter stammen soll. Sie wird 30 bis 90 cm hoch, die strahlend blauen Blüten sitzen auf schlanken, behaarten Hohlstielen. Wenn Sie frisch aufgeblühte Pflanzen schneiden, lassen sich die Blüten auf einer flachen Unterlage bei sehr guter Luftzirkulation trocknen. Kornblumen duften kaum, sind aber wegen ihrer leuchtenden Farbe als Zutat für Potpourris und Mischungen in Badesäckchen beliebt. Gibt man sie frisch in den Ansatz für ein Blütenwasser, bewirken sie eine zarte Blaufärbung.

CHAMAEMELUM NOBILE

(Syn. Anthemis Nobilis)

KAMILLE

Die römische Kamille, ein Klassiker auch in englischen Gärten, wird in der Volksmedizin der Mittelmeerländer seit mehr als 2000 Jahren geschätzt. Die etwa 30 cm hohe Pflanze hat zierliche Blüten mit konischer gelber Mitte und weißen Blütenblättern und einen kriechenden Wuchs. Bei bloßer Berührung verströmen die Blätter einen Duft nach frisch gemähtem Gras und Äpfeln, darum ist die Kamille für Duftrasen sehr beliebt. Die getrockneten Blüten und Blätter sind wegen der beruhigenden Wirkung eine wichtige Zutat für Badezusätze und Duftkissen.

CONSOLIDA AJACIS

LERCHENSPORN

Der Lerchensporn gehört, wie der verwandte Rittersporn, in jeden klassischen Bauerngarten. Er wird etwa 90 cm hoch und trägt rosa, weiße oder blaue Spornblüten auf schlanken Stielen mit hellgrünem, gefiedertem Laub. Er wird gern als Schnittblume benutzt. Sie sollten darauf achten, dass keine Blätter im Wasser stehen, sonst entwickelt er einen fauligen Geruch. In kleinen Sträußen lässt der Lerchen-sporn sich an der Luft trocknen und für Potpourris, Blütenkissen oder – zu Sträußchen gedrahtet – für Girlanden und Kränze verwenden.

CONVALLARIA MAJALIS

MAIGLÖCKCHEN

Maiglöckchen findet man in vielen Gärten, sie gehören zu den Klassikern in Brautsträußen. Die etwa 30 cm hohen Frühlingsblüher lieben Schatten und humusreichen Boden, wo sie schnell dichte Horste bilden. Die zierlichen weißen Blüten haben einen

intensiven Duft. Sie können in Silicagel getrocknet und einem Potpourri beigegeben oder angedrahtet in Girlanden gebunden werden. Am schönsten sind sie jedoch frisch in kleinen Duftsträußchen, vielleicht zusammen mit Thymian und Rosmarin.

CORIANDRUM SATIVUM

KORIANDER

Die Würz- und Heilkraut wird seit über 3000 Jahren kultiviert, die Römer haben es in ganz Europa verbreitet.

Koriander ist einjährig und wird bis 60 cm hoch. Im frühen Sommer zeigen sich große Dolden mit vielen weißen oder blassrosa Einzelblüten. Die gefiederten Blätter erinnern an Petersilie. Wegen ihres intensiven Aromas werden Korianderblätter für viele würzige Speisen und Salate verwendet, deswegen sollten sie in einer essbaren Tischdekoration nicht fehlen. Auch die glänzenden, runden Samen haben einen aromatischen Geschmack.

CYNARA CARDUNCULUS

ARTISCHOCKE

Die pittoreske Pflanze wird bis 1,80 m hoch, ihre größere Verwandte C. scolymus, von der die essbaren Artischocken stammen, braucht noch mehr Platz. Für kleine

Gärten eignen sich die Pflanzen daher kaum. Wenn Ihr Garten aber groß genug ist, sollten Sie auf die dekorative Wirkung der eleganten, silbrig-grünen Blätter und der rotvioletten, distelähnlichen Blüten nicht verzichten. Artischocken werden vorsichtig über Kopf hängend in einem warmen, dunklen Raum an der Luft getrocknet oder auf ein Regal über einer Heizung gelegt und häufig gewendet. Frisch und getrocknet sind sie vielseitig zu verwenden.

WANDSCHMUCK FÜR DIE KÜCHE

Artischocken sehen faszinierend aus. Sie werden gedrahtet und zusammen mit Thymian, Knoblauch und anderen Kräutern befestigt *(siehe auch Seite 40 bis 43)*.

KRÄUTER-POTPOURRI

Die sanften Töne von Eukalyptus, Lavendelblüten und Mondviole bilden einen schönen Kontrast zu den Nelken-Blütenblättern und der silbernen Schale (siehe auch Seite 50 bis 53).

DIANTHUS

NELKE

Von Südafrika bis Eurasien gibt es mehr als 300 verschiedene Nelkenarten. Bei uns gehören die krautigen Stauden zu den klassischen Bauerngartenpflanzen. Je nach Sorte können sie 30 bis 90 cm hoch werden. Wenn sie in trockenen Boden an sonnigem Platz gesetzt werden, blühen sie den ganzen Sommer lang. Durch Absenken der Triebe und Stecklinge lassen sie sich leicht vermehren. Die Blüten mit dem zarten Duft können frisch als Dekoration in einen Flakon mit Blütenwasser eingelegt oder für Duftsträußchen und Kränze verwendet werden. Nelken können auch vorsichtig in kleinen Sträußen an der Luft oder mit Silicagel getrocknet und als Farbtupfer einem Potpourri beigemischt werden.

GARTENNELKE (D. caryophyllus)

Seit langer Zeit werden diese Blumen wegen ihres feinen Duftes und ihrer leuchtend tiefroten Blüten kultiviert. Im antiken Griechenland band man aus ihnen Girlanden zu Ehren der Götter. Einzelne Blütenblätter lassen sich gut in der Mikrowelle trocknen, ganze Blütenköpfe werden an der Luft oder in Silicagel getrocknet und geben jedem Potpourri lebendige Farbe.

DIGITALIS

FINGERHUT

Eine der schönsten Wildpflanzen mit langen, purpur-violetten Blütenrispen. Der Fingerhut liebt eine waldähnliche Umgebung mit humosem Boden, wird bis 1 m hoch und lässt sich leicht durch Samen vermehren. Die Pflanze ist hochgiftig, ihr Wirkstoff Digoxin wird zur Herstellung von Herzmedikamenten verwendet. Die Blütenglocken, aus denen sich interessante Samenstände entwickeln, locken zahlreiche Bienen an. Fingerhut wird im Spätsommer gesammelt, luftgetrocknet und für Girlanden und Wandbehänge verarbeitet.

ERYNGIUM MARITIMUM

STRANDDISTEL

Gelegentlich sieht man die bis 90 cm hohen Stranddisteln noch in freier Natur, meist werden sie als Gartenstaude kultiviert. Sie sind sehr stachelig und robust. Auch getrocknet behalten die Blätter und distelähnlichen Blüten ihre silbrig-blau schimmernde Färbung. Beides kann für Gestecke und Girlanden verwendet werden, sie harmonieren auch sehr schön in einem Potpourri mit Lavendel und Eukalyptus. In früherer Zeit wurde die kandierte Wurzel der Stranddistel als Süßigkeit sehr geschätzt.

EUCALYPTUS GUNNII

EUKALYPTUS

Der Baum mit seiner schönen graubraunen Rinde und den silbrig schimmernden Blättern stammt aus Australien. Einige robustere Sorten gedeihen auch in unseren Breiten, sie können bis 25 m hoch werden. Selbst die getrockneten Blätter haben einen hohen Anteil an ätherischem Öl, das für Medikamente gegen Erkältung und Verdauungsstörungen eingesetzt wird. Frisch und getrocknet lassen sich die Blätter mit dem würzig-medizinischen Duft gut für Girlanden, Potpourris oder Badezusätze verwenden.

FILIPANDULA ULMARIA

MÄDESÜSS

Im Sommer sieht man Mädesüß oft an Wegrändern. Es wird 60 bis 120 cm hoch und hat cremeweiße, lockere Blütenrispen, die einen zarten Mandelduft verströmen. Seit jeher verwendet man die Blüten als Streu sowie als Zusatz beim Brauen von Bier und Met – vom Met stammt auch der volkstümliche Name. Die Blüten eignen sich gut für Duftsäckchen, Kissen und Potpourris.

FOENICULUM VULGARE

FENCHEL

Die mehrjährige Staude ist rund um das Mittelmeer beheimatet. Der Name foeniculum ist von dem lateinischen Wort für Heu abgeleitet. Im frühen Mittelalter siedelte sich das Kraut auch in Nordeuropa an, vorwiegend auf kalkigen Böden. Damals sagte man ihm eine Schutzwirkung gegen Hexerei und andere Übel nach. Man hängte Fenchel über die Türen und aß ihn während der Fastenzeit. Fenchel ist eine stattliche Pflanze, die auch im Kübel bis 1,80 m hoch werden kann. Im Sommer trägt er viele zierliche goldgelbe Blüten, die wie kleine Regenschirme ohne Stoffbespannung aussehen. Das zarte gefiederte Laub eignet sich für frische Sträuße und Gestecke. Die getrockneten hohlen Stiele können auch gebündelt und in Kränze gesteckt werden. Fenchel lässt sich gut an der Luft trocknen.

GALIUM

WALDMEISTER
(*G. odoratum*)

Dieser enge Verwandte des lästigen Klebkrautes ist ein guter Bodendecker für schattige Lagen, der bis 30 cm hoch wird. Im Frühsommer bilden die zarten grünen Blätter einen dichten Teppich, der mit kleinen, sternförmigen weißen Blüten übersät ist. Die Blüten werden in der Parfümherstellung benutzt, nicht nur wegen ihres eigenen Duftes, sondern vor allem, weil sie andere Düfte fixieren. Darum ist Waldmeister die ideale Zutat für Potpourris, Duftsäckchen und Blütenwasser.

LABKRAUT (*G. verum*)

Zur Zeit Heinrichs VIII. stopften begüterte Damen mit dem duftenden Kraut ihre Matratzen aus, es soll auch schon im Stall von Bethlehem gelegen haben. Die etwa 30 cm hohe Pflanze trägt auf der ganzen Länge des Stieles Rispen aus gelben Blüten, die einen beruhigenden Duft nach Heu und Honig verströmen, was sie ideal für Duftkissen und beruhigende Kräutersäckchen und -bäder macht. Der Pflanzensaft beschleunigt die Gerinnung von Milch, darum hatte das Labkraut früher auch in der Käseherstellung Bedeutung.

HELIANTHUS ANNUUS

SONNENBLUME

Bevor die Sonnenblumen im 16. Jahrhundert nach Europa kamen, wuchsen sie schon 3000 Jahre lang in Nordamerika. Aus einem kleinen Samenkorn kann eine Pflanze von bis zu 3 m Höhe wachsen. Sonnenblumen werden erwerbsmäßig wegen ihrer ölhaltigen Samen angebaut, kleinere Sorten sind ganzjährig als Schnittblumen und getrocknet zu bekommen. Angedrahtet sehen die Blüten in Gestecken, Girlanden oder Kränzen sehr dekorativ aus.

HELICHRYSUM ITALICUM

CURRYBLE, ITALIENISCHE STROHBLUME

Wenn Sie nach einem Regenschauer neben einer solchen Pflanze stehen, werden Sie den intensiven Geruch nach Curry wahrnehmen. Die Immortelle mit den grau-grünen, fein behaarten, schmalen Blättern stammt aus Südafrika und wird etwa 45 cm hoch. Die vielen hellgelben Blüten, die an Gänseblümchen erinnern, bilden flache Dolden. Sie lassen sich gut trocknen und behalten ihre Farbe über Jahre. Das Laub passt gut in frische Sträuße und Gestecke, die Blüten schimmern hübsch durch feine Stoffsäckchen.

HUMUCULUS LUPULUS

HOPFEN

Hopfen ist mit der gemeinen Brennnessel verwandt und wird schon seit dem Mittelalter als Zutat in der Bierbrauerei verwendet. Nur in England betrachtete man es lange als lästiges Unkraut, das ausgerissen werden musste. Die Pflanze ist mehrjährig. Im Winter sterben die oberirdischen Teile ab, im folgenden Jahr kann sie jedoch wieder bis zu 7 m hoch wachsen – überall, wo Hopfen angebaut wird, sieht man die großen Stangen. Attraktiv sind vor allem die weiblichen Pflanzen mit ihren lockeren Zapfen. Hopfen hat einen beruhigend wirkenden Duft, darum verwendet man ihn gern für Duftkissen und -säckchen.

HYSSOPUS OFFICINALIS

YSOP

Das immergrüne Kraut wächst buschig, 45 cm bis 1,20 m hoch und wird gern zur Bepflanzung von Beetkanten benutzt. Schmetterlinge und Bienen lieben die blauen Blüten, die in Duftsträußchen und frischen Gestecken reizend aussehen. Blüten, Stiele und Blätter haben einen aromatischen Duft, den auch die Parfümherstellung nutzt. Das konzentrierte Öl war zeitweise begehrter als Lavendelöl. Getrocknet sind die Blüten eher unscheinbar.

IRIS

WASSERSCHWERTLILIE (*I. pseudacorus*)

Die gelb blühende Lilie ist in Europa heimisch, wird 90 cm bis 1,50 m hoch und hat länglich abgeflachte Blätter, die direkt aus dem Rhizom entspringen. Die Blüten stehen jeweils in Zweier- oder Dreiergruppen am Stiel, das mittelständige Blütenblatt ist meist etwas länger als die übrigen. Den deutschen Namen hat die Blume von den schwertförmigen Blättern, im Wappen der französischen Könige symbolisieren die drei stilisierten Blütenblätter Tapferkeit, Klugheit und Treue. Die Blüten können frisch verwendet werden, auch die getrockneten Samenstände mit den glatten, glänzenden Samen sind attraktiv.

BLAUE IRIS (*I. versicolor*)

Sie stammt ursprünglich aus Nordamerika, heute sind viele Zuchtformen in Europa bekannt. Die eleganten Blätter haben eine feine, silbergraue Zeichnung, die Urform der Blüte ist blau mit einem gelben Fleck im Zentrum. Die Blüten lassen sich am besten in der Mikrowelle trocknen. Sie eignen sich gut, um einem Potpourri Farbe zu geben.

JUNIPERUS COMMUNIS

WACHOLDER

Das Nadelgehölz mit meist strauchigem, kriechendem Wuchs wird 50 cm bis 6 m groß und trägt dunkle Beeren, die zur Herstellung von Gin und zum Würzen benutzt werden. Die glänzenden Früchte eignen sich wegen ihres würzigen Duftes auch gut für winterliche Tischdekorationen.

LAURUS NOBILIS

LORBEER

Lorbeerbäume werden bis 9 m hoch, in Griechenland wachsen sie wild sogar 18 m hoch. Von dort stammt der Brauch, die Sieger sportlicher Wettkämpfe zu Ehren der Pythia von Delphi mit einem Lorbeerkranz zu ehren. Später wurde dieses symbolische Ritual von römischen Feldherren übernommen. Vermutlich stammt der akademische Titel Bachelor von dem französischen Wort „bachelier" (Lorbeerzweig). Frische Lorbeerblätter glänzen dunkelgrün. Sie sind sehr biegsam und man kann sie gut um Körbe oder auf Kugeln stecken oder kleben und auch auf Stoff nähen. Die getrockneten Blätter behalten sehr lange ihre Farbe. Sie haben einen intensiven Duft, der gern für Duftbeutel und Kissen verwendet wird.

LAVANDULA

LAVENDEL *(L. angustifolia)*

Die strauchige, intensiv duftende Pflanze gedeiht in ganz Südeuropa, Indien und im Fernen Osten und wird 45 cm bis 1 m hoch. Die zartblauen Blüten sitzen auf schlanken Stielen mit graugrünen, länglichen Blättern. Lavendel ist ein sehr vielseitiges Kraut, das sowohl wegen seines Duftes als auch wegen seiner dekorativen Qualitäten sehr beliebt ist. Das ätherische Öl wird nur aus den Blüten destilliert, aber alle Teile der Pflanze haben einen intensiven Duft. Stiele und Blätter können sehr gut zerkleinert und für Duftsäckchen oder Kissen verwendet werden. Lavendelbündel passen zu Kränzen, Duftsträußen, Girlanden und Gestecken.

L. A. „HIDCOTE" ist mein persönlicher Favorit unter den etwa 20 Lavendelarten, ich ziehe ihn auch in meinem Garten. Er hat einen sehr schönen, kompakten Wuchs und leuchtend blaue Blüten. Er wurde nach Hidcote Manor in den Cotswolds, England, benannt, in dessen Gärten er den ganzen Sommer lang blüht. Die Blüten behalten auch nach dem Trocknen ihre intensive Farbe, darum eignen sie sich am besten für Gestecke, in denen die Farbe gut zur Geltung kommt, und für Lavendelbündel.

FRANZÖSISCHER LAVENDEL oder Schopflavendel (L. stoechas) gehört zu den schönsten Lavendelarten, ist aber recht empfindlich. Obwohl er in den Pyrenäen gedeiht, blüht er in unseren nördlichen Breiten so gut wie nie. Die rotvioletten Blüten sowie die Stiele und Blätter enthalten besonders viel ätherisches Öl.

LIATRIS SPICATA

PRACHTSCHARTE

Die mehrjährige Staude stammt ursprünglich aus den Prärien Nordamerikas und kam im frühen 18. Jahrhundert nach Europa. Ungewöhnlich ist, dass sich die zahlreichen rosa Blüten am Stamm von unten nach oben öffnen. Als Schnittblume ist die Prachtscharte ganzjährig im Blumenhandel zu bekommen. Im Garten blüht die 1,50 m hohe Staude vom Mittsommer bis in den späten Herbst. Die Blüten bringen leuchtende Farbe in Duftsträuße, Kränze und Blütenwasser.

LONICERA JAPONICA

GEISSBLATT

Einige Geißblatt-Arten wachsen als Strauch, die meisten sind aber wüchsige Kletterer. Diese bedeckt schnell große Spaliere und kann bis 10 m hoch werden. Die Blüten sind cremeweiß bis gelblich, einige haben eine rötliche Zeichnung. Ihr Duft ist schwer und süß. Wegen der eleganten Form passen die zierlichen Blüten gut in Potpourris. Die roten Beeren sind allerdings giftig.

LUNARIA ANNUA

MONDVIOLE

Die auch Silberling genannte einjährige Pflanze wird etwa 90 cm hoch und trägt kleine violette Blüten auf behaarten Stielen mit rötlich-grauen Blättern.
Die Samenstände haben eine flach-ovale Form, sie sitzen in einer dunkelgrünen Hülle. Wenn die Hülle abfällt, erscheint eine silbrig schimmernde Membran, die die Samenkörner trägt. Die Samen keimen leicht, die Pflanze kann im Garten lästig werden. Die Samenstände sind aber sehr dekorativ, an der Luft getrocknet, kann man sie für Potpourris, Girlanden oder Gestecke verwenden.

MELISSA OFFICINALIS

ZITRONENMELISSE

Die hübschen Stauden mit ihren hellgrünen, fein behaarten Blättern werden bis 1 m hoch und breit. Die Blätter duften, wenn sie zerrieben werden, intensiv nach Zitrone. Bienen fliegen auf die kleinen, cremeweißen Blüten, die in großer Zahl im Sommer erscheinen. Zitronenmelisse eignet sich als Tee und Gewürz, die frischen Zweige können in Gestecken und Sträußen verwendet werden. Getrocknet sehen sie unattraktiv aus, duften aber gut in Badesäckchen, Potpourris und Duftkissen.

MENTHA

GRÜNE MINZE (*M. spicata „Moroccan“*) ist wegen ihres frischen Aromas (Spearmint) die beliebteste aller Kulturminzen. Sie wird etwa 40 cm hoch und verbreitet sich stark durch Wurzelausläufer. Im Garten sollte sie in einen Kübel gepflanzt werden, sonst erstickt sie bald die Nachbarpflanzen. Blätter und Blüten können frisch in Duftsträuße gebunden werden. Getrocknet eignen sie sich für Badesäckchen, Potpourris und frischherb duftende Kräutersäckchen.

POLEIMINZE (*M. pulegium*) wurde schon von den Römern zum Vertreiben lästiger Insekten benutzt. Auch in der Kräuterheilkunde und als Gewürz hat diese Minze Bedeutung. Ihr Wuchs ist kriechend, sie wird etwa 15 cm hoch. Ihr erfrischendes Aroma passt besonders gut für Badesäckchen, Potpourris und erfrischende Seifen.

PFEFFERMINZE (*M. x piperita*) wird 75 cm hoch und wuchert stark, die Wurzelausläufer durchziehen schnell ein ganzes Beet. Darum sollte sie am besten in Kübeln angepflanzt werden. Die rosa Blüten und die dunkelgrünen Blätter mit den rötlich-violetten Unterseiten passen gut in Sträuße und Kränze. Die Blätter können in kleinen Bündeln gut an der Luft getrocknet werden.

MENTHA X VILLOSA heißt die Sorte, die im Garten meines Elternhauses in Warwick wuchs – und die noch heute zu meinen Favoriten zählt. Die Blätter sind recht groß und fein behaart, sie haben einen frischen Duft nach Äpfeln und Pfefferminze. Die Stiele mit den zarten rosa Blüten können bis zu 1 m hoch werden. Wie alle anderen Minzen neigt auch diese Sorte zur Bildung von Ausläufern.

LAVENDELBÜNDEL

Gebündelte Lavendelzweige werden getrocknet, bevor sie, zwischen die Wäsche gesteckt, ihren Duft abgeben (siehe auch Seite 64 bis 67).

MONARDA DIDYMA

INDIANERNESSEL,
GOLDMELISSE

Diese Staude mit den duftenden roten oder violetten Blütenständen ist bei Gärtnern und Bienen gleichermaßen beliebt. Sie erreicht eine Höhe von 60 cm bis 1 m. Ihr Aroma erinnert an Bergamotte, mit der Earl-Grey-Tee aromatisiert wird. Die Pflanze kann frisch in Sträußen verwendet werden, auch getrocknet behält sie ihren Duft.

MYRRHIS ODORATA

SÜSSDOLDE

Diese Pflanze, auch Myrrhenkerbel genannt, wächst in ganz Europa an feuchten, schattigen Plätzen, wird etwa 1 m hoch und erinnert mit ihren fein gefiederten Blättern und den flachen, weißen Blütendolden auf langen Hohlstielen an den verwandten Kerbel. Die Blätter haben einen feinen Anisduft, die glatten, schwarzen Samen verwendete man früher, um Holzfußböden zu polieren. Alle Teile der Pflanze sind essbar, darum eignet sie sich besonders gut für essbare Tischdekorationen.

MYRTUS COMMUNIS

MYRTE

Der immergrüne Strauch mit duftenden, dunkelgrünen Blättern wird bis 3 m hoch. Seine zierlichen weißen Blüten erscheinen im späten Sommer. Ich finde Myrte besonders schön in frischen Kränzen, leider wird sie beim Trocknen unansehnlich. In der griechischen Mythologie war die Myrte der Göttin Aphrodite geweiht, noch heute gehören Myrtenzweige traditionell zum Brautschmuck. Man sagt, dass ein Myrtenzweig aus dem Brautstrauß der Königin Victoria zu einem Strauch heranwuchs, von dem noch heute Zweige für die Sträuße aller königlichen Bräute geschnitten werden.

ROSMARIN-POMANDER

Pomander werden zum Beduften von Wäsche benutzt, aber sie sind auch sehr dekorativ, wie diese Kugeln aus Rosmarin in der polierten Schale beweisen (siehe auch Seite 46 bis 47).

NIGELLA

JUNGFER IM GRÜNEN (*N. damascena*), auch Damaszenerkümmel, ist eine der beliebtesten Nigella-Arten. Die 50 cm hohe Pflanze stammt ursprünglich aus dem Mittelmeerraum. Sie lässt sich leicht aus Samen ziehen, sät sich, wenn ihr der Standort zusagt, jedes Jahr von allein aus. Den zarten blauen Blüten folgen interessante Samenkapseln, die häufig eine rote oder violette Streifenzeichnung tragen. In diesen Kapseln liegen die schwarzen Samen. Blüten und Samenkapseln eignen sich frisch für Sträuße und Kränze, beide lassen sich auch gut trocknen.

SCHWARZKÜMMEL (*N. sativa*) ist eng mit der Jungfer im Grünen verwandt, allerdings sind die Blüten kleiner und blasser. Auch er stammt aus dem Mittelmeerraum und lässt sich leicht aus Samen ziehen. Der Name „Nigella" ist von dem lateinischen Wort für „schwarz" abgeleitet und bezieht sich auf die Samenkörner, die früher als Pfefferersatz verwendet wurden. Ernten Sie die Pflanze zum Trocknen an der Luft, bevor alle Blüten aufgeblüht sind. So erhalten Sie eine schöne Kombination aus Blüten und Samen.

OCIMUM BASILICUM

BASILIKUM

Ein typisches Gewürz der italienischen und französischen Küche. Das 45 cm hohe Kraut wächst aber auch in Griechenland und Indien. Die sattgrünen Blätter sind weich, fast fleischig, die weißen Blüten eher unscheinbar. Basilikum kann auf der Fensterbank oder im Blumenkasten gezogen werden, im Sommer gedeiht es auch im Garten. Im alten Rom galt es als Pflanze der Liebe, im antiken Griechenland dagegen als Symbol der Trauer. Die indischen Hindus betrachten Basilikum als heiliges Kraut, das die Familie und das Heim schützt, ein Blatt auf der Brust eines verstorbenen Hindu gilt als Eintrittskarte ins Paradies. Das aromatische Kraut würzt den klassischen italienischen Pesto, Salate, Tomaten und Nudeln. So eignet sich Basilikum gut für essbare Tischdekorationen. Allerdings welken die zarten Blätter schnell, darum sollte die Pflanze als Ganzes in kleinen Tontöpfen verwendet werden. Die getrockneten Blätter sind unscheinbar und allenfalls für Duftsäckchen geeignet.

ORIGANUM

OREGANO, MAJORAN

„Origanum" ist von den griechischen Wörtern für „Berg" und „Freude" abgeleitet und bezieht sich auf die Farbe des Krautes, das dort wild wächst. Oregano ist nur bedingt winterhart, aber ein Gewinn für jeden Kräutergarten. Die fein behaarten Blätter wachsen an etwa 60 cm hohen, violett gefärbten Stielen. Kurz ehe sich in den Sommermonaten die rötlich-violetten Blüten öffnen, sollte das Kraut zum Trocknen geschnitten werden. Die stabilen Stiele lassen sich leicht drahten, darum eignet sich der würzig duftende Oregano gut für Gestecke und Girlanden.

PAEONIA OFFICINALIS

PÄONIE

Um die Pfingstrose, eine klassische Bauerngartenpflanze, rankt sich vielerlei Aberglaube. Sie gilt als göttliche Blume, als Beschützerin der Schafhirte und ihrer Herden. Ihre Wurzel jedoch soll man nicht berühren, sondern an das Ende einer langen Schnur binden. Päonien mögen nicht umgepflanzt werden. Haben sie sich jedoch einmal etabliert, wachsen sie zu üppigen, 60 bis 70 cm hohen Büschen heran, die jedes Jahr wieder prachtvoll blühen. Die Blüten lassen sich an der Luft oder in Silicagel gut trocknen und können dann für Girlanden und Potpourris benutzt werden.

PELARGONIUM

DUFTBLATT-PELARGONIE

Diese Pflanzen werden oft auch als Duftgeranien bezeichnet. Es gibt zahlreiche unterschiedliche Arten zwischen 30 cm und 1 m Höhe, die hauptsächlich wegen ihrer duftenden und oft auch gemusterten Blätter gezüchtet werden. Die Blüten sind unscheinbar.

Ursprünglich stammt die niedrige, buschige Pflanze aus Südafrika, sie ist aber schon seit dem späten 17. Jahrhundert in Europa beliebt. Da sie nicht winterhart ist, kann sie nur als Topf- oder Kübelpflanze gehalten werden. Nachwuchs lässt sich leicht aus den krautigen Stecklingen ziehen. Die duftenden Blätter passen frisch in Gestecke und Sträuße, getrocknet eignen sie sich für Kräutersäckchen, Badezusätze und Duftkissen.

PETROSELINUM CRISPUM

PETERSILIE

Eines der beliebtesten Würzkräuter Europas mit dicht gekräuselten, leuchtend grünen Blättern und einem frischen, charakteristischen Geschmack. Sagen und Aberglaube haftet dem Kraut an, noch heute geben Bauernregeln Auskunft, wer wann und wo Petersilie pflanzen durfte. Vielleicht ist es der Grund dafür, dass Petersilie nur schwer keimt? Das Kraut wird bis 40 cm hoch, es ist ein schöner Blickfang in essbaren Arrangements.

ROSA

ROSE (*R. gallica*)

Rosen wurden zuerst am persischen Golf kultiviert und kamen durch die Griechen über Italien nach ganz Europa. Der botanische Name „Rosa" stammt von dem griechischen Wort „rodon" für Rot, vermutlich war dies die Farbe dieser ältesten Art, die auch Essigrose oder französische Rose genannt wird. Heute gehören die bis 90 cm hohen Rosen zu den beliebtesten Gartenpflanzen. Die Römer schätzten Rosenblüten für Brautkränze. Knospen und Blüten lassen sich frisch und getrocknet verwerten.

HUNDSROSE (*R. canina*)

Diese Sorte ist fast geruchlos, aber die rundlichen roten Hagebutten sehen in Potpourris und Kränzen sehr hübsch aus. Die Früchte sollten zum Stecken gedrahtet werden. Hundsrosen wachsen meist wild, sie können bis zu 3 m hoch werden. Aus den Früchten bereitete man früher Hustensaft zu.

DAMASZENERROSE (*R. x damascena*)

Diese stark duftende, bis 2 m hohe Rose wird in Teilen Indiens und Asiens für die Parfümherstellung angebaut. Nur die Blüten werden gepflückt, aus ihnen destilliert man das ätherische Öl. Für die Mogulherrscher wurde Rosenöl hergestellt, indem man die Blüten in Öl einlegte und abpresste. Damaszenerrosen eignen sich sehr gut für duftende Blütenwasser.

ROSMARINUS OFFICINALIS

ROSMARIN

Der immergrüne Strauch mit den blassblauen Blüten wird 1 bis 2 m hoch und lässt sich leicht aus Stecklingen ziehen, die in sandigen Boden gesetzt werden. Früher glaubte man, dass Rosmarin das Gedächtnis stärkt – das Kraut wurde mit Treue und Erinnerung assoziiert. Anna von Kleve trug bei ihrer Hochzeit mit dem König Heinrich VIII. einen Kranz aus Rosmarin. Jeder der Festgäste erhielt einen solchen Zweig, vergoldet und mit einem Seidenband umschlungen. Als ich einmal die St. Paul's Kathedrale in London für einen Gedenkgottesdienst dekorierte, gab ich jedem Besucher einen Rosmarinzweig für das Knopfloch. Rosmarin sollte in keinem Garten oder Blumenkasten fehlen, weil man ihn ganzjährig ernten kann. Das vielseitige Kraut eignet sich zum Würzen ebenso wie zum Dekorieren.

RUTA GRAVEOLENS

WEINRAUTE

Die robuste immergrüne Pflanze von etwa 60 cm Höhe stammt aus Südeuropa. Die Sorte „Jackman's Blue" hat ein intensiv blaugrünes Laub, leuchtend gelbe Blüten und einen markanten Duft. Die Raute zählt zu den ältesten Heilkräutern. Die Römer brachten sie bis nach England. Ich benutze Raute nur frisch zur Dekoration – sie ist in größeren Mengen giftig. Der Geruch der getrockneten Pflanze ist unangenehm streng.

SALVIA OFFICINALIS

SALBEI

Die Mittelmeerpflanze ist seit dem 17. Jahrhundert in ganz Europa verbreitet. Es gibt viele Unterarten in verschiedenen Größen und mit unterschiedlichen Blütenfarben. Ich bevorzuge die Urform mit purpurnen Blüten und behaarten, silbriggrünen Blättern. Die Pflanze wird 30 bis 75 cm hoch, ihr Duft ist aromatisch-herb. Gestecke aus frischem Salbei lassen sich gut trocknen: die Blüten behalten Form und Farbe, die Blätter rollen sich nur leicht. Sie sollten immer ein paar Büschel getrockneten Salbei zur Hand haben, wenn Sie Dekorationen für die Küche vorbereiten.

MUSKATELLERSALBEI (*S. sclarea)*

Die bis 1 m hohe Pflanze ist in Frankreich wegen ihrer Heilwirkung unter dem Namen „toute bonne" bekannt. Die grünen Blätter sind an der Unterseite rosa bis violett, die Blüten leuchten blau. Ernten Sie reichlich und verwenden Sie Muskatellersalbei frisch und getrocknet. Der Lavendelduft passt gut zu Seifen.

SAMBUCUS NIGRA

HOLUNDER

Überall auf dem Land erkennt man an den tellergroßen weißen Blütenständen, dass der Sommer begonnen hat. Der Holunder oder Fliederbusch ist ein Strauch, der bis 6 m hoch wird. Die duftenden Blüten kann man in Teig tauchen und ausbacken oder für Likör ansetzen, aus den dunklen Früchten lässt sich Saft und Obstwein herstellen. Das Mark aus den Stielen lässt sich leicht entfernen, die Angelsachsen benutzten diese Rohre, um ihr Feuer anzublasen. Getrocknete Blüten können Duftkissen, Badesäckchen oder Potpourris beigegeben werden.

SANGUISORBA MINOR

PIMPINELLE

Pimpinelle oder Kleiner Wiesenknopf gehören zur gleichen Familie wie der Frauenmantel (Alchemilla mollis), werden aber bis 2 m hoch. Der Geschmack der dunkelgrünen Blätter ähnelt Borretsch. Mit ihren hohen, schlanken Stielen und den rötlich-braunen Blüten, die an Binsen oder überdimensionalen Lavendel erinnern, eignet sich die Pflanze gut für Beeteinfassungen. Die Blätter sind in Girlanden und Kränzen dekorativ und geben Salaten und Suppen frische Würze, darum sollte Pimpinelle in essbaren Arrangements nicht fehlen.

SANTOLINA CHAMAECYPARISSUS

HEILIGENKRAUT

Auch Zypressenkraut genannt, ähnelt die Pflanze dem Lavendel, ist aber nicht mit diesem verwandt. Das duftende, immergrüne, etwa 50 cm hohe Kraut eignet sich gut als Beetbegrenzung, vielleicht an Stelle von traditionellem Buchs. Es hat silbrig-grüne Blätter und hübsche gelbe Knopfblüten. Die Pflanze kann frisch und getrocknet verarbeitet werden. Wegen ihres Duftes eignet sie sich gut für Duftkissen und Potpourris.

SATUREJA MONTANA

BERG-, WINTERBOHNENKRAUT

Die unteren Stiele dieser niedrigen Pflanze mit dunkelgrünen, aromatisch duftenden Blättern neigen zum Verholzen. Man trifft sie meist auf mageren Böden an. Winterbohnenkraut lässt sich durch Stecklinge vermehren und eignet sich auch für Beetbegrenzungen. Im Sommer, wenn sich die blau-violetten Blüten öffnen, sollten Sie die Pflanze für Duftsäckchen und Gestecke schneiden.

SOLIDAGO

GOLDRUTE

Der lateinische Name verweist auf die heilende, „solidarische" Wirkung dieser Pflanze. Die etwa 60 cm hoch wachsende anspruchslose Goldrute ist in unseren Breiten heimisch und eine Pracht in jedem Garten. Sie blüht während des ganzen Sommers leuchtend gelb. Wenn man die ersten verwelkten Blüten abknipst, bilden sich zahlreiche neue an den Seitentrieben. Goldrute ist auch ganzjährig im Blumenhandel zu finden. Früher benutzte man Goldrute zum Färben von Stoffen, heute schmückt sie überwiegend, frisch oder getrocknet, Girlanden und Sträuße.

TAGETES PAGULA

STUDENTENBLUME, TAGETES

Die einjährige Pflanze stammt aus den Tropen. In Indien, wo sie heute auch für religiöse Zeremonien verwendet wird, habe ich ganze Felder voll Tagetes gesehen. Eine Girlande aus den orangefarbenen Blüten gilt als Zeichen der respektvollen Begrüßung von Ehrengästen. Tagetes haben einen strengen Geruch. Pflanzt man sie im Gewächshaus oder Gemüsebeet zwischen andere Pflanzen, vertreiben sie Blattläuse und verschiedene andere Schädlinge. Die etwa 30 cm hohen Pflanzen bevorzugen einen gut drainierten, fruchtbaren Boden, gedeihen aber auch an trockener Stelle. Man kann sie an der Luft trocknen, bessere Ergebnisse erzielt man aber mit Silicagel. Ihre leuchtende Farbe kommt sowohl in frischen Gebinden wie auch in Trockenarrangements und Potpourris sehr gut zur Geltung.

TANACETUM

MUTTERKRAUT

Die beiden eng verwandten Arten T. parthenium und T. balsamita gehören meiner Meinung nach in jeden Duftgarten. Die Pflanzen werden etwa 90 cm hoch und gedeihen in Kübeln ebenso leicht wie im Beet. Die kleinen, weißen, in der Mitte gelben Blüten, die an Gänseblümchen erinnern, blühen während des ganzen Sommers und verströmen einen aromatischen Duft. In kleinen Sträußchen sehen sie sehr hübsch in Girlanden und Kränzen aus. Auch getrocknet lassen sie sich vielfältig verwenden.

RAINFARN *(T. vulgare)* ist etwas kleiner (60 bis 90 cm) und überall in Europa als Wildkraut auf Geröll und an Feldrändern anzutreffen. An robusten Stielen wachsen zarte Blätter und gelbe Blüten, die wie Knöpfe dicht gedrängt in flachen Gruppen zusammenstehen. Das Kraut mit dem herben, erfrischenden Duft lässt sich sehr gut trocknen. In Trockengestecken und Potpourris sorgen die leuchtend gelben Blüten für Lebendigkeit.

THYMUS VULGARIS

THYMIAN

Die Urform der bekannten Würzpflanze stammt aus Kleinasien und dem Mittelmeerraum. Der kriechende Quendel (T. serpyllum), ein enger Verwandter, ist in Nordeuropa heimisch. Thymian hat einen wunderbar aromatischen Duft und Geschmack. Die kleinen rötlichen Blüten halten ebenso wie Lavendelblüten Schädlinge aus dem Kleiderschrank fern. Thymian wird 8 bis 40 cm hoch, er kriecht in jede sich bietende Lücke – selbst zwischen Pflastersteine. Shakespeare bezeichnet ihn nach alter

Märchentradition als Versteck der Elfenkönigin. Thymian wird auch mit dem Tod assoziiert, in Wales pflanzt man ihn gern auf Gräber. Er ist eines meiner Lieblingskräuter, frisch lässt er sich am besten verarbeiten. Wenn man ihn trocknet, wird er sehr spröde und eignet sich nur für Potpourris und Duftsäckchen.

ZITRONENTHYMIAN (*T. x citriodorus*) wird selten höher als 30 cm. Er kann in Töpfen gezogen werden, aber er kriecht auch gern zwischen Pflastersteinen. Tritt man auf die Blätter, verströmen sie einen herrlichen Duft – und sie nehmen diese Behandlung nicht übel. Ich finde es immer wieder verwunderlich, wie eine Pflanze, die nicht im Geringsten mit der Zitrone verwandt ist, so charakteristisch duften kann. Dieses Duftkraut eignet sich hervorragend für Seifen und Badesäckchen.

KERZE IM THYMIAN-GEWAND

So verwandeln Sie eine schlichte Kerze im Handumdrehen: umwickeln Sie die untere Hälfte mit frischem Thymian und befestigen Sie ihn mit Juteschnur (siehe auch Seite 48 bis 49).

VALERIANA OFFICINALIS

BALDRIAN

Dieses bekannte Heilkraut wird 60 cm bis 1,50 m hoch. Es wächst an den unwirtlichsten Plätzen, auf Trockenmauern, Felsen und Steinhaufen. Die zarten rosa oder weißen Blüten haben ebenso wie die Blätter einen eigenartigen Geruch, den viele Katzen allerdings unwiderstehlich finden. Wenn Sie Katzen mögen, sollten Sie Baldrian im Garten ziehen. Im Mittelalter legte man die Wurzel zwischen die Wäsche, das Öl wurde zur Herstellung von Seife verwendet. Heute ist Baldrian hauptsächlich wegen seiner schlaffördernden Wirkung berühmt.

VERBENA OFFICINALIS

VERBENE

Diese mehrjährige Pflanze wird 60 cm bis 1 m hoch. Sie hat kantige, verholzte Stiele und kleine, blasslila Blüten. Seit Jahrhunderten wird sie wegen ihrer Heilwirkung hoch geschätzt. Man sagt, dass Verbenen auf dem Kalvarienberg wuchsen und zur Linderung der Wunden Christi gepflückt wurden. Die Pflanze duftet nicht, aber sie kann wegen ihrer interessanten Form getrocknet und Gestecken oder Potpourris beigegeben werden.

VIOLA ODORATA

DUFTVEILCHEN

Duftveilchen gehören zu den schönsten Gartenpflanzen. Sie werden etwa 20 cm hoch, haben hübsche herzförmige Blätter und dunkelviolette, stark duftende Blüten. Um die Jahrhundertwende waren kandierte Veilchenblüten als Dekoration für Süßwaren sehr beliebt. Auch andere Lebensmittel wurden mit Veilchenaroma parfümiert. Man baute die kleinen Blumen im großen Stil für die Parfümherstellung und für Blumenmärkte an. In Wasser gelegt, geben die Blüten Farbe ab, darum eignen sie sich gut für Duft- und Blütenwässer. Für Duftsäckchen kann man die Blüten an der Luft trocknen. Sollen sie ihre Form behalten, legt man sie besser in Silicagel.

STIEFMÜTTERCHEN (*V. tricolor*) spielen in Shakespeares „Sommernachtstraum“ eine besondere Rolle in einem Liebeszauber. Leider findet man die hübschen Blumen nur noch selten in der freien Natur, sie lassen sich aber leicht im Garten oder in Töpfen aus Samen ziehen und blühen unermüdlich bis zum Herbst. Die Pflanzen werden nicht höher als 12 cm. Man kann die Blüten pressen oder in Silicagel trocknen und als dekorative Beigabe auf ein Potpourri streuen.

Dekorative Gewürze

Auf diesen Seiten finden Sie eine Auswahl von Gewürzen, die sich für Dekorationen besonders gut eignen, geordnet nach botanischen Namen. Die Illustrationen zeigen die Pflanzen sowie Früchte, Samen oder Wurzeln, die in diesem Buch verwendet werden.

Capsicum annuum

Chili

Der Name Capsicum, abgeleitet von dem griechischen Wort für „beißen", deutet schon auf die Schärfe dieses Gewürzes hin. Der Arzt, der mit Christoph Kolumbus an Bord der Santa Maria ging, entdeckte die Schoten in Amerika. Portugiesische Seefahrer brachten sie auch nach Afrika und Indien. Die nur 30 cm hohen Pflanzen tragen Früchte von bis zu 15 cm Länge. Die Schoten werden hauptsächlich als Gewürz benutzt, eignen sich aber auch als Wandschmuck. Da ihr Saft die Haut reizen kann, sollte man sie mit Handschuhen verarbeiten. Chilis dürfen nie in Reichweite von Kindern oder Haustieren aufbewahrt werden.

Carum carvi

Kümmel

Die 60 cm hohe Pflanze war seit Jahrtausenden im Mittleren Osten bekannt, ehe sie im 13. Jahrhundert nach Europa kam. Kümmel wird wegen seiner Samen angepflanzt, die Verwendung als Gewürz in Brot, Kohlgerichten und anderen Lebensmitteln finden. Kümmel soll eine beruhigende Wirkung haben, darum kann er als Zusatz für schlaffördernde Duftkissen verwendet werden.

Cinnamomum verum

Zimt

Der immergrüne Strauch, der im östlichen und mittleren Asien, in Australien und Japan beheimatet ist, gehört zu den wichtigsten Gewürzpflanzen. 1536 besetzten die Portugiesen die Insel Ceylon, um sich ein Monopol im Zimthandel zu verschaffen. Die Pflanze selbst wird bis zu 20 m hoch, man verwertet aber nur die Rinde, die meist in Stücken von etwa 10 cm Länge in den Handel kommt. Besonders hochwertig ist die Rinde junger Triebe. Zimt kann in Stücken Potpourris beigegeben werden, oder zerrieben für Duftsäckchen, Kissen und sogar Seife verwendet werden.

Crocus sativus

Safran

Die orangefarbenen Samenfäden dieser violett blühenden Krokusart werden gesammelt, getrocknet und dann als Würz- und Färbemittel für Lebensmittel benutzt. Auch Stoffe kann man mit Safran färben. Weil etwa 4.500 Blüten für 30 g Safran benötigt werden, ist das Gewürz sehr teuer. Die nur 5 cm kleine Pflanze stammt aus Asien, sie gelangte aber schon vor Jahrhunderten in den Mittelmeerraum und nach Europa. Heute wird sogar in der englischen Grafschaft Essex Safran angebaut.

Cuminum cyminum

Kumin, Kreuzkümmel

Dieses Kraut ist im Mittelmeerraum und in Zentralasien heimisch, als Gewürz hat es besonders in der griechischen Küche große Bedeutung. Die Pflanze ist 30 cm groß, die Samen jedoch sind winzig. Obwohl die Samen Kümmel von der Form her ähneln, unterscheiden sie sich deutlich im Geschmack. Kreuzkümmel eignet sich für Duftsäckchen und Potpourris mit kräftig-herber Note.

Cymbopogon citratus

Zitronengras

In den tropischen Zonen Indiens und Asiens wird Zitronengras auf großen Flächen angebaut. Ursprünglich verwertete man das Öl in der Parfümindustrie, heute ist es von der Zitronenverbene (Aloysia triphylla) abgelöst worden. Zitronengras ist eines der typischen Gewürze der Thai-Küche. Die Pflanze wird bis zu 1,50 m hoch, ist aber hier manchmal schwierig zu bekommen. Frisch oder getrocknet eignet sie sich für duftende und dekorative Arrangements.

Elettaria cardamomum

Kardamom

Die kleinen dreieckigen Samenkapseln enthalten aromatische Samen, die in der indischen Küche zum Würzen von Süßspeisen und „kulfi" (Eiscreme) verwendet werden. Am Ende einer Mahlzeit kaut man sie zusammen mit Kümmel und Kreuzkümmel, um den Atem zu erfrischen. Kardamomkapseln können für Potpourris und Duftsäckchen verwendet werden, die feinen Samen eignen sich auch für Seifen.

ILLICIUM VERUM
STERNANIS

Dieser Baum, der bis zu 18 m hoch werden kann, ist in China und Japan sehr beliebt. Man pflanzt ihn gern in der Nähe von Grabstätten und Tempeln. Das Gewürz trägt seinen Namen wegen der sternförmigen, etwa 3 cm großen Samenkapseln, die sehr dekorativ in Potpourris und – mit Drähten befestigt – in Gestecken und Kränzen aussehen. Sie können Sternanis auch in transparente Seife eingießen. Er gibt zwar nur wenig Duft ab, sieht aber faszinierend aus.

MYRISTICA FRAGRANS
MACIS, MUSKAT

Macis ist die getrocknete, fleischige Fruchthülle der Muskatnuss. Frisch ist sie leuchtend rot. Nach dem Trocknen nimmt sie eine orange-gelbe Färbung an, ist spröde und hat einen muskatähnlichen Geschmack. Das Gewürz, das in gut sortierten Supermärkten zu finden ist, kann für Duftsäckchen und Potpourris verwendet werden.

PIMENTO OFFICINALE
PIMENT

Das Allgewürz hat einen charakteristischen Duft, der an eine Mischung aus Gewürznelken, Pfeffer, Zimt und Wacholder erinnert. Die Beeren, die wie große schwarze Pfefferkörner aussehen, werden grob zerstoßen. Dann geben sie Potpourris oder Kräutersäckchen eine herbwürzige Note.

POGOSTEMON
PATSCHULI

Der sehr markante Duft wird häufig mit Indien assoziiert. Tatsächlich wächst dieser etwa 1 m hohe Strauch in Indien und Malaysia. Zweimal im Jahr werden die Blätter geschnitten und zu großen Ballen verschnürt. Aus ihnen destilliert man das duftende Öl, das für Parfüms und Seifen verwendet wird. Wenn Ihnen der Duft zu schwer ist, können Sie ihn verdünnen.

SYZYGIUM AROMATICUM
GEWÜRZNELKE

Dies sind die getrockneten Blütenknospen eines immergrünen Baumes, der in Australien, Afrika und Asien beheimatet ist. Die Knospen haben einen hohen Gehalt an ätherischem Öl. In China schob man sich eine Nelke in den Mund, um den Atem zu erfrischen, wenn man den Kaiser anredete. Noch heute helfen Gewürznelken und ihr Öl bei leichteren Zahnschmerzen. Die etwa 1,2 cm langen Nelken werden zum Stecken von Pomandern benutzt. Potpourris und Seifen geben sie einen würzigen, lang anhaltenden Duft.

ZINGIBER OFFICINALE
INGWER

Die aus Asien stammende Pflanze war im 19. Jahrhundert bei europäischen Pflanzensammlern für Wintergärten und Gewächshäuser sehr beliebt. Heute wird das Gewürz hauptsächlich aus Jamaika und von den westindischen Inseln importiert. Die Wurzel wird frisch und getrocknet zum Verkauf angeboten. Duft und Geschmack sind angenehm würzig und leicht scharf. Die frische Wurzel ist recht faserig. Man kann sie in Scheiben schneiden, trocknen und dann in Potpourris mischen. Auch Seifen und Blütenwasser gewinnen durch den aromatischen Duft.

UMHÜLLTE GLÄSER

Zitronengras kann ein einfaches Glas verwandeln. Mit seiner ungewöhnlichen Färbung – blassgrün und weiß, dazu etwas violett – harmoniert es gut mit der Schreibtischdekoration *(siehe auch Seite 28 bis 29)**.*

Literaturhinweise/ Bezugsquellen

Jeanne D'Andrea. *Ancient Herbs in the J. Paul Getty Museum Gardens*. Malibu, California, 1982.

Anthony Huxley. *An Illustrated History of Gardening*. London, 1978.

Jacqueline Heriteau. *Potpourris and Other Fragrant Delights*. New York, 1973.

Penelope Hobhouse. *Plants in Garden History*. London, 1992.

Mrs M. Grieve FRHS. *A Modern Herbal*. London, 1931.

Christopher Brickell. *RHS Gardeners Encylopedia of Plants and Flowers*. London, 1989.

Deni Bown. *RHS Encyclopedia of Herbs & Their Uses*. London, 1995.

Kathi Keville. *Herbs, An Illustrated Encyclopedia*. New York, 1995.

Barbara Milo Ohrbach. *The Scented Room*. New York, 1986.

Ellis, Kally und Moroni, Ercole. *Äpfel, Birnen & Co – Wohnliche Dekorationen*. Busse und Seewald GmbH.

Lycett, Simon. *Kerzen & Co – Stimmungsvolle Dekorationen für drinnen und draußen*. Busse und Seewald GmbH.

Dittrich, Bernd. *Duftpflanzen für Garten, Balkon und Terrasse*. BLV Verlagsgesellschaft mbH.

Kölbl's Kräuterfibel. Reprint-Verlag Konrad Kölbl.

Dörfler, Dr. Hans-Peter und Roselt, Prof. Dr. Gerhard. *Heilpflanzen – gestern und heute*. Lingen-Verlag, Bergisch Gladbach.

Siegmund, Ferdinand. *Omas Lexikon der Kräuter und Heilpflanzen*. Bechtermünz Verlag.

Bickel, Gabriele. *Mit einer Hexe durchs Kräuterjahr – Geschichten, Tips, Rezepte*. Stieglitz-Verlag E. Händle.

Riedmiller, Andreas. *Kräuter – Anzucht – Pflege – Verwertung*. Karl Müller Verlag.

Riedmiller, Andreas. *Geranien, Pelargonien*. Verlag Gräfe und Unzer.

Malara, Rosella. *Parfüm*. Verlag Wolfgang Mersch.

Jenuwein. *Avocado bis Zuckerrohr, Tropische Nutzpflanzen selber ziehen*. Eugen Ulmer Verlag.

DuMont's Große Garten-Enzyklopädie.

DuMont's Großes Kräuterlexikon.

Kranzrohlinge und andere Bastelmaterialien finden Sie in Bastelgeschäften, in gut sortierten Fachabteilungen von Kaufhäusern und Baumärkten sowie in Blumengeschäften und im Fachhandel für Floristik-Bedarf.

Verschiedene Kräuter werden im Gemüsehandel frisch als Schnittware angeboten, gelegentlich findet man auch gängige Kräuter in Töpfen.

Gewürze finden Sie in größeren Supermärkten, ausgefallene Sorten sind meist in Delikatessengeschäften zu bekommen. Auch viele Apotheken halten Gewürze auf Lager oder können sie beschaffen.

Wenn Sie Kräuter und Duftpflanzen selbst ziehen wollen, finden Sie im Gartencenter eine Auswahl der gängigen Sorten – als Samen und als Jungpflanzen.

Einige der hier gezeigten Projekte können auch als komplette Material-Sets bestellt werden bei Simon J. Lycett Mail Order, POBox 24114, London SW18 1WJ. Katalog anfordern.

Heil- und Duftpflanzen im Versandhandel bieten an:

Zaubergarten der Düfte, Cordula Felgner,
Mühlstraße 3, 99734 Nordhausen-Salza
(auf Duftpflanzen spezialisiert: Kräuter, Duftpflanzen, Duftblatt-Pelargonien; Katalog DM 5,–)

Staudengärtnerei Gräfin von Zeppelin, 79295 Sulzburg-Laufen
(Duftpflanzen, Medizinal- und Giftpflanzen, klassische Bauerngarten-Pflanzen, Farbkatalog sehr aufwändig, DM 10,–)

NaturaGart,
Riesenbecker Straße 63, 49479 Ibbenbüren-Dörenthe
(Duftpflanzen, Kräuter, auch Wildformen, Saatgut und Jungpflanzen)

Kräuterzauber, Daniel Rühlemann,
Auf dem Berg 32, 27367 Horstedt
(beeindruckendes Angebot an Duft-, Aroma- und Heilpflanzen)

REGISTER

DANKSAGUNG

Ein solches Buch braucht viele Hände zum guten Gelingen. Darum möchte ich an dieser Stelle allen danken, die dazu einen Beitrag leisteten. Ich bedanke mich besonders bei:

Susan Berry, die die Idee für das Projekt hatte und ein Team zusammenstellte, mit dem die Arbeit viel Spaß machte. Großen Dank schulde ich der Fotografin Michelle Garrett und ihrer Assistentin Dulcie für die prächtigen und anregenden Fotos. Jeder Moment mit den beiden war ein Vergnügen. Dank an Ginny Surtees, die die Arbeit organisierte und dafür sorgte, dass ich meine Termine hielt – danke für den klaren Kopf, das Organisationstalent und die Geduld. Dank auch an die Lektoren, vor allen Mandy Lebentz, und die Layouter, die aus meinen Ideen fertige Buchseiten machten. Vielen Dank an Clare Roberts für die großartigen, detailgenauen Zeichnungen der Pflanzen im Kräuterlexikon.

Einen Dank möchte ich auch denen aussprechen, die auf dem New Covent Garden Flower Market arbeiten und meinen dauernden Sonderwünschen stets mit Geduld und guter Laune nachkamen: Graeme, Alan und Philip von Solstice für die fotogenen Kräuter; David Gorton von A. & F. Bacon für das wunderbare Blattgrün; Pat, Angie, Paul und den beiden Grants bei C. Best für die Versorgung mit allerlei Floristenbedarf; David, Ian und Tony von Baker & Duguid; Melvin und Charlie von Romede Flowers; Wayne und alle anderen von Something Special; und Roy Steptoe, der alle meine Einkäufe trug.

Auch dem Team zu Hause danke ich sehr: meiner Mutter Judith Lycett für die Nelkenpomander und viele andere Dinge; Lisa und Paul von P.V.A., die sich so gut um mich kümmerten; meinem Werkstattleiter Jon Poulsom für seine Geduld mit all meinen endlosen Wünschen und dafür, dass er mein „anderes Geschäft“ während meiner Abwesenheit in Gang hielt; Ruth Harris, Jaynie Heynes, Darryn McColl und Jill Roch für ihre Bereitschaft zu Überstunden und ihre gutmütige Toleranz.

Und schließlich ein Dank an Nicholas, die „kleine, leise Stimme der Ruhe“ in meinem Leben, der so viel wegsteckt und so wenig erwartet. Danke, dass du allem einen Sinn gibst.

Der Verlag dankt den folgenden Personen für ihre Unterstützung bei der Produktion dieses Buches: Sorcha Hitchcox, Lisa Pendreigh und Judy Spours für die redaktionelle Arbeit. Tony Lord für die Überprüfung der botanischen Bezeichnungen. LeeAnn MacKenzie für die Beschaffung der Ausstattung und die Vorbereitung der Fotos. Carol McCleeve für die Konzeptarbeit sowie Dave Crook und Claudine Meissner für die Arbeit am Design. Jenny Raworth, die den Kranz auf Seite 59 herstellte.